CAMPUS
DEUTSCH ALS FREMDSPRACHE
DEUTSCH

B2 / C1

HÖREN UND MITSCHREIBEN

Marco Raindl
Oliver Bayerlein

Herausgegeben von
Oliver Bayerlein

Hueber Verlag

3. 2. 1. | Die letzten Ziffern
2019 18 17 16 15 | bezeichnen Zahl und Jahr des Druckes.
Alle Drucke dieser Auflage können, da unverändert,
nebeneinander benutzt werden.
1. Auflage
© 2015 Hueber Verlag GmbH & Co. KG, München, Deutschland
Redaktion: Andrea Haubfleisch, Frankfurt am Main
Umschlaggestaltung: Sieveking · Agentur für Kommunikation, München
Layout und Satz: Sieveking · Agentur für Kommunikation, München
Druck und Bindung: PHOENIX PRINT GmbH, Deutschland
Printed in Germany
ISBN 978–3–19–151003–9

Art. 530_07036_001_01

Aufbau

GRUNDLAGEN
Sprache und Gesellschaft

Seite 7

Bleiben Sie beim Zuhören nicht passiv!
Denken Sie voraus:
Wie könnte es wohl weitergehen?

Übungstext 1
Der Ursprung der Gewalt

Seite 27

Behalten Sie den Überblick! Entscheiden Sie bewusst, was Sie wie mitschreiben.

Übungstext 2
Arm und Reich in Deutschland

Seite 41

Nutzen Sie Handouts und Folien zur Vorbereitung und Begleitung des Hörens, aber lassen Sie sich nicht von ihnen ablenken.

Übungstext 3
Das Gedächtnis der Gene

Seite 55

Mit einer gelungenen Mitschrift können Sie den Inhalt eines Vortrags auch Wochen später noch rekapitulieren.

Übungstext 4
Entschleunigung der Stadt

Seite 71

Bedeutung erzeugt Nachhaltigkeit:
Überlegen Sie immer, welchen Bezug zu Ihrer Lebenswirklichkeit ein Vortrag hat.

Inhalt

Sprache und Gesellschaft GRUNDLAGEN

Wortschatz aktivieren · Wortrelationen veranschaulichen · Inhalte antizipieren · Beispiele als Verstehensschlüssel nutzen · Standpunkte erkennen · Verbindungen knüpfen · Abkürzungen entwickeln · Symbole nutzen · Beispiele auswählen · Fazits festhalten · Strukturwörter nutzen · Fazits erkennen · Thesen identifizieren · Thesen festhalten · Kontrastmarker wahrnehmen · Negationen beachten · Zusammenfassungen nutzen · Hörstile bewusst einsetzen · Bezugnahmen erkennen

Der Ursprung der Gewalt *Übungstext 1*

Zentrale Begriffe recherchieren · Wortnetze bewusst machen · Auf Fragen achten · Skizzen zeichnen · Positionen abgrenzen · Ankündigungen nutzen · Inhaltssignale berücksichtigen · Kontext als Verstehenshilfe nutzen · Aufmerksamkeitssignale beachten · Vortrag und Handout verbinden · Eigene Gedanken festhalten · Den Überblick sichern · Gegenüberstellungen notieren · Nach Themen ordnen · Fachausdrücke erkennen · Nach W-Fragen oder Gegensätzen ordnen · Argumentationsstrukturen erkennen · Vermutungen identifizieren · Kernaussagen erhören

Arm und Reich in Deutschland *Übungstext 2*

Sich mit Grafiken vorbereiten · Handouts einbeziehen · Folien und Handout vergleichen · Folien zum Antizipieren nutzen · Gewichtungen verstehen · Sich an Zahlen orientieren · Die Funktion von Beispielen verstehen · Ursache und Folge erkennen · Hinweise auf wichtige Begriffe bemerken · Hervorhebungen registrieren

Das Gedächtnis der Gene *Übungstext 3*

Einsprachige Wörterbücher benutzen · Bildwörterbücher benutzen · Fremdwörterbücher benutzen · Publikationen der Vortragenden heranziehen · Fragen entwickeln · Von Bekanntem ausgehend verstehen · Wichtiges festhalten · Verweise zuordnen · Redundanzen nutzen · Systematisch mitschreiben · Fragen stellen · Zitate erkennen · Notizen überarbeiten · Konditionale Verhältnisse notieren · Wechselseitige Abhängigkeiten notieren

Entschleunigung der Stadt *Übungstext 4*

Bezug zur eigenen Lebenswirklichkeit herstellen · Den Vortragsfaden aufnehmen · Auf zusätzliche Informationen achten · Das Wesentliche festhalten · Nach Interessen hören · Die Mitschrift komprimieren · Eine Zusammenfassung schreiben · Die Bedeutung von *das heißt* differenzieren · Standpunkte identifizieren

Vorwort

Die Reihe **Campus Deutsch** ist für Studierende am Übergang der Sprachausbildung zum eigentlichen Fachstudium konzipiert. Das Kursmaterial soll die Lernenden in die Lage versetzen, den Beginn ihres Fachstudiums (1./2. Semester) sprachlich und methodisch zu bewältigen.

In vier Bänden werden daher zum einen grundlegende Kompetenzen für das Fachstudium vermittelt und geübt:

> effektives **Lesen** von wissenschaftlichen Texten
> sachgerechtes und fesselndes **Präsentieren** von wissenschaftlichen Inhalten sowie überzeugendes **Diskutieren**
> verständliches **Schreiben** von wissenschaftlichen Textsorten
> ökonomische **Mitschrift** von Vorlesungen sowie aktives, strukturierendes **Hören** von wissenschaftlichen Vorträgen und Fachdiskussionen

Um ein Studium in einem deutschsprachigen Land erfolgreich bestehen zu können, sind zum anderen aber auch kulturelle Techniken notwendig, die jenseits der Sprache liegen. Daher bilden methodische Fertigkeiten neben den sprachlichen Kompetenzen einen weiteren Schwerpunkt: die Kenntnis von verschiedenen Wörterbüchern und Lexika, ein angemessenes Verhalten während der Präsentation vor Fachpublikum, der passende Schreibduktus beim Verfassen von Fachtexten – um nur einige zu nennen.

Das sprachliche Niveau der Reihe orientiert sich am Niveau B2/C1 des Europäischen Referenzrahmens. Auf dieser Grundlage werden Lese- und Hörtexte angeboten sowie Schreib- und Präsentationsaufgaben gestellt. Die Texte und Aufgaben entstammen dem geistes- und naturwissenschaftlichen Fächerkanon, wobei darauf geachtet wurde, dass sich die Inhalte in einem populärwissenschaftlichen Rahmen bewegen, sodass keine sehr speziellen Fachkenntnisse für das Verständnis notwendig sind.

Zu **Campus Deutsch** finden Sie im Internet unter www.hueber.de/campus-deutsch Lehrerhandbücher mit praktischen Tipps für den Einsatz im Unterricht. Mit den ebenfalls dort vorhandenen extensiven Lösungen kann **Campus Deutsch** auch zum Selbststudium verwendet werden.

Der Band **Hören und Mitschreiben** widmet sich anhand von fünf authentischen Vorträgen Techniken, die Studierende in die Lage versetzen sollen, eigenständig wissenschaftlichen Vorträgen verstehend zu folgen und so mitzuschreiben, dass diese Vorträge anhand der Mitschriften rekapituliert werden können. Im Gundlagenkapitel werden grundlegende Techniken des aktiven und vorausdenkenden Hörens sowie wesentliche Mitschreibtechniken vermittelt. In den folgenden Kapiteln werden diese Techniken erweitert und vertieft. Die Vorträge von bekannten Wissenschaflerinnen/Wissenschaflern und einem Wissenschaftsjournalisten sind der Reihe *Aula* des *Südwestrundfunks* entnommen. Sie behandeln aktuelle Themen aus verschiedenen Fachgebieten und können im Internet in ungeschnittener Form unter der folgenden Adresse abgerufen werden: http://goo.gl/CdqS0C. Oder geben Sie in einer Suchmaschine *SWR Wissen Aula* ein und klicken Sie sich durch bis zu dem Archiv der Sendungen. Dort finden Sie auch weitere Vorträge – wahrscheinlich auch zu Ihrem Fachgebiet –, mit deren Hilfe Sie das Gelernte jederzeit anwenden und automatisieren können.

Autoren und Verlag wünschen Ihnen viel Spaß und Erfolg mit **Campus Deutsch**.

GRUNDLAGEN
Sprache und Gesellschaft

> *Bleiben Sie beim Zuhören nicht passiv!*
> *Denken Sie voraus:*
> *Wie könnte es wohl weitergehen?*

DAS LERNEN SIE

- Wortschatz aktivieren
- Wortrelationen veranschaulichen
- Inhalte antizipieren
- Beispiele als Verstehensschlüssel nutzen
- Standpunkte erkennen
- Verbindungen knüpfen
- Abkürzungen entwickeln
- Symbole nutzen
- Beispiele auswählen
- Fazits festhalten
- Strukturwörter nutzen
- Fazits erkennen
- Thesen identifizieren
- Thesen festhalten
- Kontrastmarker wahrnehmen
- Negationen beachten
- Zusammenfassungen nutzen
- Hörstile bewusst einsetzen
- Bezugnahmen erkennen

Einstieg

1 Welche Beziehung hat der junge Mann in Bild A wohl zu den beiden Sprachen? Diskutieren Sie verschiedene Möglichkeiten.

2 Ordnen Sie die Bilder B und C den Geschichten aus der Bibel zu.

☐ Die Menschen sagten: Bauen wir einen Turm mit einer Spitze bis zum Himmel! Gott sprach: Sie haben alle eine Sprache. Ich werde ihre Sprache verwirren, sodass keiner mehr die Sprache des anderen versteht.

☐ Da kam plötzlich vom Himmel ein Brausen. Und es erschienen ihnen Zungen wie von Feuer. Auf jeden ließ sich eine nieder. Alle begannen in fremden Sprachen zu predigen, wie es der Heilige Geist ihnen eingab.

3 Wie wird Sprachenvielfalt in den Texten gesehen? Kreuzen Sie an.

> Wunder ○	> gesellschaftliches Problem ○
> Strafe Gottes ○	> Bereicherung ○
> individuelle Fähigkeit ○	> Chance ○

Über Mehrsprachigkeit nachdenken

**1 Was verbinden Sie mit dem Begriff *Mehrsprachigkeit*?
Sammeln Sie in Gruppen und notieren Sie.**

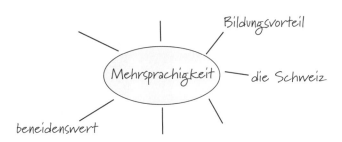

2 Wie ist Mehrsprachigkeit definiert? Ergänzen Sie den Text und vergleichen Sie mit einem Lexikon.

Mehrsprachigkeit bezeichnet einerseits die Fähigkeit eines Menschen, ...

Andererseits versteht man unter diesem Begriff .... in einer Gesellschaft.

**3 Im Bereich der Sprachwissenschaften gibt es viele Fachwörter mit dem Bestandteil *Sprach-*.
Ergänzen Sie die fehlende Worthälfte. Die Buchstaben in den Klammern geben Ihnen eine Hilfe.**

a	die erste Sprache, die jemand lernt	............sprache	(emtrut)
b	man spricht sie in dem Land, aus dem Zuwanderer gekommen sind	............sprache	(stuhkernf)
c	eine Sprache, die man nach der Muttersprache lernt und im Alltag spricht	............sprache	(witze)
d	eine Gruppe von Sprachen mit ähnlichen Wurzeln/Merkmalen	Sprach............	(lemafii)
e	lernen, eine Sprache zu benutzen	Sprach............	(brewer)
f	die Sprache, die am meisten Sprecher in einer Gesellschaft hat	............sprache	(stehrheim)
g	eine „Version" einer Sprache: z. B. Dialekt, Umgangssprache	Sprach*varietät*	(täteravi)
h	diese Varietät ist die Norm; alle Sprecher der Sprache verstehen sie	............sprache	(dnadrast)
i	die Sprachform benutzt man in Schule, Universität, in den Medien etc.	............sprache	(dingsblu)

**4 Sprechen Sie zu zweit über Ihr Verhältnis zur Sprache und zur sprachlichen Situation in Ihrem Land.
Benutzen Sie die Begriffe aus Aufgabe 3. (Was ist Ihre Muttersprache? Was ist die Mehrheitssprache in Ihrem
Land? u. a.) Notieren Sie die Informationen auf einem gesonderten Blatt Papier und berichten Sie im Plenum.**

5 Stimmen Sie einer der beiden Aussagen zum Thema *Mehrsprachigkeit* zu? Diskutieren Sie.

> Mehrsprachigkeit bedeutet für jede Gesellschaft eine wertvolle Ressource. Und für jedes Individuum ist sie
  eine zusätzliche Kompetenz, die die Chancen auf dem Arbeitsmarkt verbessert.

> Mehrsprachigkeit ist ein Handicap. Kinder aus Migrantenfamilien z. B. sprechen keine Sprache „richtig" und
  sind deshalb Bildungsverlierer. Und unserem Land droht Sprachverwirrung. Und Sprachverfall.

6 Bei der Diskussion von Mehrsprachigkeit spielt die Bewertung von Sprachen innerhalb einer Gesellschaft eine große Rolle. Bereiten Sie dieses Thema vor, indem Sie die Ausdrücke in einen Zusammenhang bringen. Markieren Sie Ober-/Unterbegriffe, Synonyme, Antonyme. Benutzen Sie dafür ein gesondertes Blatt Papier.

soziale ~~Schichten~~   hohes gesellschaftliches Ansehen   ~~Oberschicht~~

Mittelschicht   Akademikerhaushalte   Mehrheitsbevölkerung

Bildungsbürgertum   Nicht-Akademikerfamilien   sozial Benachteiligte

Unterschicht   geringes Sozialprestige   sprachliche Minderheit

WORTRELATIONEN VERANSCHAULICHEN
Systematisieren Sie Ihre Notizen zum Wortschatz, indem Sie die Beziehungen zwischen Wörtern markieren, z. B. →← für Gegenbegriffe, ↔ für ähnliche Bedeutungen, Baumstrukturen für Ober-/ Unterbegriffe etc.

soziale Schichten

Oberschicht [Baumstruktur]

Bildungsbürgertum

Nicht-Akademikerfamilien →←

7 Welches Ansehen haben die verschiedenen Sprachen, Dialekte und Fremdsprachen, die in Ihrem Land gesprochen werden? Warum? Mit welchen sozialen Gruppen oder Schichten werden sie in Zusammenhang gebracht? Ergänzen Sie die Tabelle. Berichten Sie einander zu dritt oder zu viert.

Landessprache/Dialekt/ Fremdsprache/ ...	Sozialprestige: hoch/neutral/niedrig	Gründe	gesellschaftliche Gruppe oder soziale Schicht
Englisch als Fremdspr.	hoch	Assoziationen: Bildung, Erfolg, Coolness	Akademiker, Wirtschaftswelt, Medien

8 Werten Sie aus: Welche Faktoren entscheiden über das Ansehen einer Sprache? Notieren Sie.

9 Welche Auswirkungen kann es haben, wenn bestimmte Sprachen abgewertet werden? Überlegen Sie zu zweit und halten Sie das Ergebnis in Stichworten fest.

10 Wie kann man Ihrer Ansicht nach eine positivere Einstellung gegenüber allen Sprachen schaffen, die in einer Gesellschaft gesprochen werden? Besprechen Sie das in der Gruppe und notieren Sie.

1 **Im Literaturverzeichnis zum Vortrag *Mehrsprachigkeit* von Prof. Heike Wiese finden Sie einen Aufsatz der Erziehungswissenschaftlerin Ingrid Gogolin. Was kritisiert Gogolin an der Einstellung zur Mehrsprachigkeit in Deutschland? Markieren Sie im Text.**

So gelten das Englische oder das Französische hierzulande als legitime Sprachen, weil sie Teil des offiziellen Bildungssystems sind (...). Aber Mehrsprachigkeit ist keineswegs unter allen Umständen gesellschaftlich anerkannt. Die mitgebrachten Sprachen der Zuwanderer unterliegen nämlich in Deutschland üblicherweise nicht den traditionell legitimierenden und damit zugleich marktwerterhöhenden Mechanismen (...). Der offizielle

5 Umgang, den sich Deutschland mit den Sprachen Zugewanderter leistet, trägt Züge von Kapitalvernichtung. Eine Sprachpolitik (...), die nicht auf Kapitalvernichtung setzen würde, sondern auf die Vermehrung des sprachlichen Reichtums in Deutschland, könnte aus dem Vollen schöpfen. Sie müsste sich nur darum bemühen, die unter den Menschen vorhandenen sprachlichen Fähigkeiten aufzugreifen und anzuerkennen, sie zur Entfaltung zu führen und ein Klima zu schaffen, in dem jeder Mann oder jede Frau die sprachliche

10 Vielfalt um sie oder um ihn herum imstande ist, als Reichtum zu erleben.

2 **Was ist mit den folgenden Textstellen gemeint? Kreuzen Sie an.**

a „Der (...) Umgang (...) mit den Sprachen Zugewanderter (...) trägt Züge von Kapitalvernichtung." (Zeile 4–5)
> Die Politik ist schuld daran, dass viele Migranten sozial benachteiligt sind. ○
> Die Politik lässt viele sprachliche Ressourcen für die Gesellschaft ungenutzt. ○
> Die aktuelle Sprachenpolitik ist Geldverschwendung. ○

b „Die (...) Sprachen der Zuwanderer unterliegen (...) nicht den traditionell legitimierenden und (...) marktwerterhöhenden Mechanismen." (Zeile 3–4)
> Die Sprachen werden nicht in Unternehmen benutzt. ○
> Für die Sprachen gibt es kein Niveaustufensystem, daher verdienen Kursanbieter weniger. ○
> Die Sprachen gehören nicht zum Bildungskanon, daher fehlt es ihnen an Rechtfertigung und Prestige. ○

c „Eine Sprachpolitik, die (...) auf die Vermehrung sprachlichen Reichtums [setzen würde], könnte aus dem Vollen schöpfen." (Zeile 6–7)
> Für eine solche Politik gibt es in Deutschland bisher ungenutzte Potenziale. ○
> Eine solche Politik würde von einer Mehrheit der Bevölkerung unterstützt. ○
> Für eine solche Politik gäbe es in Deutschland genug Geld. ○

3 **Welche drei Schritte sind nach Gogolins Auffassung nötig, damit Deutschland seinen Sprachenreichtum nutzen kann? Unterstreichen Sie die entsprechenden Textstellen und notieren Sie in eigenen Worten.**

1 ....

2 ....

3 ....

4 **Welche ungenutzten Potenziale könnte eine neue Sprachpolitik wohl nutzen? Wie könnte das geschehen? Notieren Sie drei Vorschläge auf einem gesonderten Blatt Papier und vergleichen Sie im Kurs.**

5 Der Vortrag von Prof. Heike Wiese hat den Titel *Der Mythos von der doppelten Halbsprachigkeit aus der Sicht der Mehrsprachigkeitsforschung*. Überlegen Sie und notieren Sie Stichpunkte zu den folgenden Fragen.

a   Was könnte der Begriff „doppelte Halbsprachigkeit" bedeuten?

....

....

b   In Zusammenhang mit welchen gesellschaftlichen Themen taucht der Begriff wohl oft auf?

....

....

c   Was denken Sie: Wie sieht Prof. Wiese das Konzept „doppelte Halbsprachigkeit"? Weshalb vermuten Sie das?

....

....

6 Informieren Sie sich über das Konzept *doppelte Halbsprachigkeit* in journalistischen Texten im Internet. Arbeiten Sie in Gruppen: Die einen suchen Texte, die den Begriff affirmativ benutzen, die anderen Texte, die sich kritisch dazu äußern. Notieren Sie 3–4 Kernaussagen und tauschen Sie sich dann aus.

....

....

....

....

....

....

....

....

....

7 Informieren Sie sich über Prof. Heike Wiese, z. B. bei *Wikipedia* oder auf der Website ihrer Universität, und notieren Sie, was Sie zu den Stichpunkten finden.

Uni: .... Spezialgebiet: ....

Veröffentlichungen: ....

8 Formulieren Sie Fragen zum Thema *Mehrsprachigkeit*, auf die Sie im Vortrag Antworten finden möchten.

....

....

Sich einhören, weitere Erwartungen aufbauen und überprüfen

▶ 1 **1** **Hören Sie den Beginn des Vortrags. Die Autorin erzählt von einem Gespräch mit ihrer Nachbarin. Wer sagt die folgenden Sätze? Was bedeutet jeweils „das"? Kreuzen Sie an und notieren Sie.**

a „Das ist eine tolle Chance für die; ich beneide euch richtig!"

> die Autorin ○　　　　　> die Nachbarin ○

„Das" bedeutet hier: ....

b „Stimmt eigentlich, das war mir gar nicht so bewusst."

> die Autorin ○　　　　　> die Nachbarin ○

„das" bedeutet hier: ....

> **BEISPIELE ALS VERSTEHENS-SCHLÜSSEL NUTZEN**
>
> Beispiele entstammen oft der Alltagswelt. Sie sind anschaulich und weniger komplex im Wortschatz. Daher können sie Ihnen helfen, Ihre Antizipationen zu prüfen – oder den Ausgangspunkt für neue Vermutungen bilden.

2 **Die Autorin beendet ihre Anekdote mit der rhetorischen Frage: „Wie kam es dazu?" Wie wird sie die Situation wohl erklären? Notieren Sie und vergleichen Sie mit Ihrer Partnerin / Ihrem Partner.**

....

▶ 2 **3** **Welche Sprachen sprechen die Familienmitglieder der beiden Personen? Hören Sie und notieren Sie. Überprüfen Sie anschließend Ihre Vermutungen aus Aufgabe 2.**

		Vater	Mutter	Kinder
Familie der	Muttersprache(n):	Englisch		
Autorin	Fremd-/Zweitsprache(n):			
Familie der	Muttersprache(n):			
Nachbarin	Fremd-/Zweitsprache(n):			

4 **Lesen Sie folgende Aussagen und kreuzen Sie die an, die Ihrer Einschätzung nach zutreffen könnten.**

> Als Kind Sprachen aus unterschiedlichen Sprachfamilien zu lernen, ist besonders vorteilhaft. ○
> Viele Berliner haben noch nie gehört, wie jemand Türkisch gesprochen hat. ○
> Das Türkische wird in Deutschland als Sprache sozial Benachteiligter angesehen. ○

▶ 3 **5** **Hören Sie und korrigieren Sie evtl. Ihre Antworten von Aufgabe 4.**

▶ 4–6 **6** **Lesen Sie die Fragen. Hören Sie dann und und notieren Sie kurze Antworten.**

> Wie sind laut der Autorin Türkischkenntnisse in Deutschland angesehen?

....

> Was wird als „doppelte Halbsprachigkeit" bezeichnet? Wie sieht die Sprecherin das Konzept?

....

> Was verdeutlicht die Autorin mit dem Beispiel vom Englischerwerb ihrer Töchter?

....

Bewertungen identifizieren

1 Mit dem Ausdruck im Kreis kann man eine Sichtweise – zunächst neutral – wiedergeben.
Markieren Sie alle Ausdrücke, die eine ähnliche Bedeutung haben.

etw. als etw. identifizieren   etw. als etw. missverstehen

etw. auf etw. übertragen

etw. als etw. ansehen

etw. als etw. verkennen

etwas als etwas sehen

etw. als etw. wahrnehmen

etw. als etw. erkennen

als etw. (NOM!) zählen

etw. mit etw. verwechseln

als etw. (NOM!) gelten   etw. für etw. halten

2 Eine zentrale These des Vortrags ist: „Türkischkenntnisse werden nicht als Bildungswert, sondern als
regelrechtes Handicap gesehen." Formulieren Sie die These mündlich mit verschiedenen Ausdrücken.

4–6 **3** Hören Sie noch einmal und unterstreichen Sie in Aufgabe 1 alle Verben,
die im Text vorkommen und die Sie markiert haben.

5, 6 **4** Wie zeigt die Autorin sprachlich, dass sie sich vom Konzept der „doppelten
Halbsprachigkeit" distanziert? Hören Sie und notieren Sie Beispiele.

Verben des Sehens:

wertende Nomen:

wertende Adjektive/Adverbien:

prosodische Marker:

STANDPUNKTE ERKENNEN

Wissenschaftliche Texte referieren
oft Sichtweisen. Um die Aussage-
absicht eines Textes zu verstehen,
ist es wichtig zu erkennen, welchen
Standpunkt die Autorin / der Autor
gegenüber diesen Sichtweisen ein-
nimmt: einen neutralen, affirmativen
oder kritischen. Hinweise geben
Ihnen z. B. Verben des Sehens, wertende Nomen, Adjektive oder Adverbien sowie prosodische Marker
(z. B. Pausen vor kritisch Zitiertem).

5 Wie würde der eben gehörte Text lauten, wenn die Autorin das Konzept neutral referieren würde?
Schreiben Sie Zeile 1 neu und streichen Sie alle Hinweise auf Distanzierung in dem restlichen Text.

„... und hier taucht dann das Gespenst der ‚doppelten Halbsprachigkeit' regelmäßig auf: Mehrsprachige Kinder
sprechen nach dieser Auffassung plötzlich gar keine Sprache mehr ‚richtig', sondern beide nur noch halb. Kindliche Äußerungen, wie sie typisch sind im Lernprozess, zum Beispiel die Übertragung grammatischer Muster
der einen Sprache auf die andere, werden dann als Hinweis auf eine solche drohende ‚Halbsprachigkeit' ange-
5   sehen und nicht als das erkannt, was sie sind, nämlich ganz normale, gesunde Entwicklungsstufen im mehr-
sprachigen Spracherwerb."

6 **6** Die Autorin gibt eine Wertung affirmativ wieder. Hören Sie und ergänzen Sie die Formulierung.

„Dies wird dann eher als niedlich angesehen oder – .... – als Hinweis auf sprachliche

Flexibilität und komplexes sprachliches Wissen. "

Gedankenverbindungen erkennen

▶ 7 **1 Hören Sie den Anfang des Vortrags noch einmal im Ganzen und ergänzen Sie die Konnektoren.**

„Vor Kurzem meinte meine Nachbarin im Gespräch zu mir: „Ich finde es toll,
dass ihr in eurer Familie zwei Sprachen sprecht und eure Kinder zweisprachig
aufwachsen. Das ist eine tolle Chance für die; ich beneide euch richtig!" Ich
fühlte mich zwar sehr geschmeichelt, war (1) .... auch etwas verblüfft

5 – die Familie meiner Nachbarin ist (2) .... auch zweisprachig. Als ich
das erwähnte, sagte sie: „Stimmt eigentlich, das war mir gar nicht so
bewusst." Wie kam es dazu?
Die Antwort liegt, denke ich, in den Zweitsprachen, um die es hier geht: Mein
Mann ist Brite und spricht Englisch mit unseren Töchtern. Die Familie mei-

10 ner Nachbarin hat (3) .... türkische Wurzeln, und die Kinder wachsen
mit dem Deutschen und dem Türkischen auf. Vom Sprachlichen her haben
ihre Kinder (4) .... eigentlich viel größere Vorteile: Sie lernen schon
früh eine Sprache, die aus einer ganz anderen Sprachfamilie kommt, und erwerben (5) .... eine viel
größere sprachliche und grammatische Weitläufigkeit als meine Kinder, die mit Englisch und Deutsch zwei sehr

15 eng verwandte germanische Sprachen sprechen.
Es geht hier (6) .... nicht um sprachliche Fakten, nicht um die Sprachen selbst, sondern um unter-
schiedliche Bewertungen von Sprache und um soziale Faktoren. Englisch lernt man in der Schule, das muss
(7) .... etwas mit Bildung zu tun haben. Englisch hat (8) .... ein hohes gesellschaftliches Ansehen,
und Englischkenntnisse werden als Bildungsvorteil wahrgenommen. Wer in Deutschland Türkisch spricht,

20 kommt (9) .... häufig aus einem Nicht-Akademikerhaushalt mit entsprechend geringem Sozialprestige."

VERBINDUNGEN
KNÜPFEN

Konnektoren sind beim Hören
wichtige Signalwörter. Sie
geben Ihnen Hinweise, welche
Richtung der Gedankengang des
Sprechers nimmt. Konnektoren
stehen nicht unbedingt an ers-
ter Stelle im Satz, sondern oft
auch auf Position 3 oder 4.

**2 Konnektoren in Hauptsätzen: Ergänzen Sie die Tabelle mit Beispielen aus dem Text in Aufgabe 1
und anderen Konnektoren, die Sie kennen.**

kausal	deshalb,
konsekutiv	folglich,
adversativ	aber,
konzessiv	trotzdem,
modal	dadurch,

▶ 1–6 **3 Hören Sie und fassen Sie einige Aussagen aus dem Vortrag zusammen. Die Vorgaben
helfen Ihnen dabei. Benutzen Sie möglichst oft Konnektoren, um Sätze zu verbinden.
Verwenden Sie dafür ein gesondertes Blatt Papier.**

Mehrsprachigkeit bei Kindern oft bewundert   nicht alle Sprachen gleich wahrgenommen

nicht sprachliche Fakten   Englisch: hohes Sozialprestige   Englischkenntnisse als Bildungsvorteil gesehen

Türkischkenntnisse als Handicap betrachtet   Englisch und Türkisch: verschiedene Sprachfamilien

Türkisch: als Sprache von Nicht-Akademikerfamilien gelten   größere sprachliche Weitläufigkeit

Strukturierend mitschreiben

8–11 **1 Hören Sie die nächsten Ausschnitte aus dem Vortrag. In welcher Reihenfolge kommen die Themen vor? Nummerieren Sie die Überschriften.**

☐ Sprachtest-Situation   ☐ Schulsprache

☐ Begriffsgeschichte   ☐ Ober-, Mittelschichtsvorteil

> **ABKÜRZUNGEN ENTWICKELN**
>
> Entwickeln Sie ein System, um Nomen abzukürzen. Für zentrale Begriffe des Themas genügt oft ein einzelner Buchstabe. Andere Begriffe können Sie soweit kürzen, dass sie noch verständlich sind. Auf den Abkürzungspunkt können Sie vielleicht verzichten. Verben können Sie zu Nomen verkürzen. Artikel, Adjektive, Grundverben (*haben, sein* etc.) können Sie weglassen.

▶ 8 **2 Hören Sie und lösen Sie die Notizen auf.**

> Begr H: Aufkommen 1960er Schweden

....

> Jim Cummins: Verbreitung N-Amerika

....

> H ↔ Schrifts / Schuls

....

> Gogolin „Bildungssprache"

....

> ! Sgebr in Sch ≠ Alltagss = eigene Sform

....

▶ 9 **3 Hören Sie und kürzen Sie die Sätze so, dass sie sich als Notizen eignen.**

> Die Schulsprache ist näher an der Schriftsprache als am gesprochenen Deutsch.

....

> Kinder aus der Mittel- und Oberschicht sind auf diese besondere Sprachform besser vorbereitet.

....

4 Formulieren Sie eine Regel, nach der Sie Notizen festhalten können.

....

> **SYMBOLE NUTZEN**
>
> Beziehungen zwischen Einzelinformationen können Sie auf verschiedene Weise notieren: Z. B. durch Symbole, wie
> - : für *hat / es gibt*
> - = für *ist*
> - ≠ für *ist nicht*
> - ! für *wichtig*
> - ⇔ für *hat zu tun mit*
> - „…" für *Zitate*.
>
> Nutzen Sie auch die räumliche Anordnung auf dem Papier, z. B. Einrückungen oder Anordnungen wie in Nummer 5, um Strukturen festzuhalten.

9 **5 Hören Sie noch einmal und ergänzen Sie die Merkmale von Schulsprache.**

Schul-S
- fiktive Leh-Schü-Dialoge
- ....
- ....
- ....

6 Der letzte Satz, den Sie gehört haben, lautete: „Auf diese besondere Sprachform der Schulsprache sind Kinder aus Ober- und Mittelschichtsfamilien besser vorbereitet als andere Kinder." Überlegen Sie, warum das der Fall sein könnte und notieren Sie.

....

▶ 10   **7** Mit welchem Schema kann man die Argumentationsstruktur des nächsten Ausschnitts darstellen? Hören Sie und kreuzen Sie an.

Mschichtskinder: Vertrauth mit Schuls ○

Mschichtskinder:
Vertrauth mit Schuls

▶ 10   **8** Hören Sie noch einmal und ergänzen Sie die Notizen im Schema von Aufgabe 7.

▶ 10   **9** Die Autorin hat ein weiteres Beispiel aus ihrem Familienalltag verwendet. Ordnen Sie die Aussagen Mutter und fünfjähriger Tochter zu und notieren Sie, was die Autorin hier verdeutlichen möchte. Hören Sie ggf. noch einmal.

> Guck mal, da sind zwei Schwäne. Und hier sind noch mal drei.

> Wie viele sind das denn insgesamt?

BEISPIELE AUSWÄHLEN

Wenn Sie ein Beispiel sehr einprägsam finden, notieren Sie es in Form eines kurzen Hinweises. Das kann beim Erinnern hilfreich sein.

....

....

▶ 10   **10** Hören Sie ein letztes Mal und achten Sie besonders auf das Fazit, das die Autorin zieht. Ergänzen Sie die Notiz.

→ Mythos „doppelte H"

FAZITS FESTHALTEN

Heben Sie Fazits z. B. durch Umrahmung besonders hervor. Fazits werden häufig im Rahmen einer konsekutiven Beziehung beschrieben. Das Symbol dafür ist: →.

▶ 11   **11** Welche Sätze entsprechen den Aussagen des Ausschnitts? Hören Sie und kreuzen Sie an.

> Die Prüfer in Sprachprüfungen stammen oft aus der Mittelschicht. ○
> Die Sprachprüfer lassen mehrsprachige Kinder oft nicht ausreden. ○
> Kinder aus anderen sozialen Schichten sind durch die Situation verunsichert. ○
> Einsprachige Kinder aus anderen Schichten haben bessere Testergebnisse. ○

12 Halten Sie diese Aussagen möglichst ökonomisch in einer Notiz fest.

....

....

Argumentationen nachvollziehen

1 **Die Autorin fasst die Geschichte des Begriffs *Halbsprachigkeit* zusammen. Dabei benutzt sie folgende Verben. Ordnen Sie die Ausdrücke den Erklärungen zu.**

ein Begriff bezieht sich auf   einen Begriff einschränken   einen Begriff verbreiten

einen Begriff aufgreifen   einen Begriff vorschlagen   ~~ein Begriff kommt auf~~

> Ein Begriff wird erstmals benutzt.

ein Begriff kommt auf

> Man benutzt einen Begriff von jemand anderem.

> Man benutzt den Begriff oft, sodass auch andere beginnen, ihn zu benutzen.

> Man prägt einen neuen Begriff.

> Ein Begriff hat ein bestimmtes Bedeutungsfeld.

> Man legt fest, dass ein Begriff nur ein bestimmtes Bedeutungsfeld hat.

2 **Hören Sie einen bereits bekannten Ausschnitt noch einmal. Schreiben Sie dann mithilfe der Notizen von Seite 15, Aufgabe 2 eine Zusammenfassung des Ausschnitts auf ein gesondertes Blatt Papier.**

3 **Bearbeiten Sie die Aufgaben.**

a   Verbinden Sie passende Strukturwörter.

> erstens ——————————   zum anderen
> zum einen ——————————————   zweitens (drittens, viertens ...)
> sowohl   andererseits
> nicht nur   sondern auch
> zuerst/zunächst   als auch
> einerseits   außerdem/weiterhin (schließlich)

STRUKTURWÖRTER NUTZEN

Mit Strukturwörtern wird oft eine Argumentation gegliedert. Sie helfen Ihnen daher, den Überblick zu behalten und gleichzeitig Hörerwartungen hinsichtlich des weiteren Vortrags aufzubauen. Wie bei Seite 16, Aufgabe 7 können Sie die zu erwartende Struktur grafisch in Ihren Notizen festhalten.

b   Hören Sie und markieren Sie das Strukturwörterpaar in a, das in dem Ausschnitt vorkommt. Notieren Sie außerdem, welchen Punkt die Autorin damit gliedert.

4 **Hören Sie und notieren Sie, mit welchen Mitteln die Vortragende zeigt, dass sie wörtlich aus anderen Texten zitiert.**

a   b

FAZITS ERKENNEN

Am Ende von Argumentationsketten stehen in der Regel Schlussfolgerungen, die Sie festhalten sollten. Signalwörter sind z. B. *damit, somit, also, mithin, daraus folgt, es ergibt sich.*

5 **Hören Sie noch einmal die beiden Schlussfolgerungen. An welchem Signalwort erkennen Sie jeweils, dass es sich um Folgerungen handelt? Notieren Sie.**

a

b

▷ 15 **1** **Welche Beziehungen gibt es zwischen diesen Bildern nach Aussage der Autorin?**
Hören Sie und notieren Sie diese Beziehungen in zwei Sätzen.

....

....

▷ 15 **2** **Hören Sie noch einmal. Welche These stellt die Autorin dem Konzept der „doppelten Halbsprachigkeit"**
entgegen? Lesen Sie und kreuzen Sie an.

> Die Sprache definiert den Menschen. Aber man muss zwangsläufig die Sprache der Mittelschicht
  lernen, um alle seine geistigen Grundlagen zu nutzen.   ○

> Alle Menschen haben die angeborene Fähigkeit, eine oder mehrere Sprachen kompetent zu lernen. ○

> Der Gesang der Kanarienvögel ist wie die Sprache der Mittelschicht: Er klingt schön. Aber Sprache
  soll nicht schön sein, sondern ein Instrument – wie der Rüssel der Elefanten.   ○

> Nur sprachlich kompetente Kinder lernen auch die Sprache der Mittelschicht.   ○

3 **Warum vergleicht die Autorin die Sprachfähigkeit des Menschen mit**
Beispielen aus dem Tierreich? Überlegen Sie zu zweit und notieren Sie.

....

....

THESEN IDENTIFIZIEREN

Thesen können Sie an ihrer
prägnanten Formulierung oder
an der Hervorhebung durch
Intonation erkennen. Oft wird
eine These auch reformuliert
bzw. erläutert. Ein wichtiger
Hinweis auf eine These ist auch
eine anschließende Untermauerung. Signalwörter sind *so, ent-*
sprechend, dementsprechend.

4 **Die Autorin formuliert ihre These mehrmals neu. Unterstreichen Sie**
unten die verschiedenen Formulierungen der These aus Aufgabe 2.

„Die Sprachfähigkeit ist etwas, das unsere Spezies Homo sapiens so definiert
wie der Rüssel den Elefanten und der Gesang den Kanarienvogel. Jedes Kind
ist sprachlich kompetent, jedes Kind lernt eine Sprache (oder auch mehrere) –
aber eben nicht zwangsläufig die Sprache der Mittelschicht.
Spracherwerb gehört zum Menschsein dazu und wird durch angeborene geistige Grundlagen ausgelöst, die jeder
von uns hat: den ‚Sprachinstinkt', wie der Linguist Steven Pinker dies in seinem Grundlagenwerk zum menschlichen Sprachvermögen nennt."

▷ 15 **5** **Hören Sie ein letztes Mal. Welches Wort hebt die Sprecherin besonders hervor? Markieren Sie in Aufgabe 4.**

▷ 16 **6** **Hören und ergänzen Sie, mit welchem Wort die Untermauerung der These eingeleitet wird.**

„....................betont die Spracherwerbsforscherin Rosemary Tracy, dass Sprache grundsätzlich unabhängig von
der Intelligenz und ohne explizite Unterweisung oder Korrektur erworben wird, ..."

7 Hören Sie nun, wie die Autorin ihre These weiter untermauert, und ergänzen Sie dann die These und die Notizen auf der Karteikarte.

Rosemary Tracy: ....

Erfahrung m S-Varianten: ....

mehrspr + einspr Kinder: ....

zahlr Studien: ....

Cummins: ....

THESEN FESTHALTEN

Thesen sind zentrale Bausteine der Argumentation von Texten. Notieren Sie Thesen möglichst genau bzw. ergänzen Sie sie bei der Nachbearbeitung. Heben Sie Thesen durch Umkreisung hervor. Halten Sie auch die Untermauerung von Thesen fest. Sie können Untermauerungen z. B. mit einem Pfeil zur These hin (←) markieren – als Begründungen der These.

8 In dem Ausschnitt hören Sie zwei Untermauerungen und ein Zwischenfazit. Identifizieren Sie die Elemente anhand der Signalwörter und machen Sie durch Hervorhebungen und Symbole deutlich, was Fazit ist und was Untermauerung.

„Defizit" mehrspr Kinder im D = Probl mit Schul-S, nicht mit M ....

Proj „Languages in a Network of European Excellence": ....

Untersuch s Leistungen Gschüler Berlin; Andrea Eckhardt: ....

....

9 Hören Sie noch einmal und ergänzen Sie die Aussagen der beiden Studien in den Notizen in Aufgabe 8.

KONTRASTMARKER WAHRNEHMEN

10 Die Autorin bringt einen Widerspruch zu ihrem Fazit zum Ausdruck. Hören Sie und notieren Sie das Signalwort.

Gegensätze (adversative Beziehungen) oder Einräumungen/ Widersprüche (konzessive Beziehungen) werden oft deutlich durch Konnektoren am Satzanfang markiert, wenn sie strukturell wichtig sind. Die Konnektoren finden Sie in der Tabelle auf Seite 14. Notieren Sie

11 Hören Sie noch einmal und notieren Sie die wichtigsten Aussagen auf einem gesonderten Blatt Papier. Beginnen Sie mit dem Symbol →//.

- das adversative Verhältnis z. B. durch //
- das konzessive z. B. durch →//.

12 Vergleichen Sie die Aussage der Autorin mit Ihren Ergebnissen von Seite 11, Aufgabe 6. Hatten Sie dort Quellen gefunden, die den Begriff *doppelte Halbsprachigkeit* affirmativ verwendet haben? Sprechen Sie im Plenum.

Die Widerlegung von Thesen und Annahmen verfolgen

1 Welchen der folgenden Aussagen können Sie zustimmen? Sprechen Sie zu zweit und kreuzen Sie dann an.

> Code-Switching, der Wechsel zwischen zwei Sprachen mitten im Satz, ist ein Zeichen
> von sicherer Sprachenbeherrschung. ○
> Mehrsprachige Kinder benutzen Code-Switching situationsunabhängig. ○
> Im Zuge von Migration verlieren Sprachen ihren gesellschaftlichen Kontext. ○
> Man kann das Türkisch, das in Deutschland gesprochen wird, als neuen Dialekt ansehen. ○

▶ 20 **2 Die Autorin widerlegt nun eine These. Hören Sie und notieren Sie die These sowie ihre beiden Argumente. Vergleichen Sie dann mit Ihren Antworten bei Aufgabe 1 und korrigieren Sie dort ggf.**

....

▶ 21 **3 Mit welchen Verben argumentiert die Autorin gegen die These? Hören und ergänzen Sie.**

a nicht stimmen: nicht den Fakten ....

b (für einen Bereich) nicht zutreffen: dafür nicht ....

c etwas ignorieren / nicht beachten: etwas nicht ....

d sich (entgegen einer Annahme) als etwas erweisen/zeigen: sich als etwas ....

▶ 22 **4 Sie hören einen Satz, in dem die Autorin eine weitverbreitete Ansicht referiert. Mit welchen sprachlichen Mitteln markiert sie ihre Distanzierung von dieser Ansicht?**

....

▶ 23 **5 Hören Sie zwei Aussagen noch einmal und ergänzen Sie die Negationen.**

a „Dies gilt jedoch für herkömmliche Dialekte im Türkischen und

Deutschen .... für Dialekte, die sich

durch die Migration in ein neues Land entwickeln."

b „Die Kinder in meiner Gemeinde können .... Deutsch

.... Türkisch gut sprechen."

NEGATIONEN BEACHTEN

Um einer These zu widersprechen, ist Negation ein wichtiges Mittel. Mit der Struktur *nicht ... sondern* kann man zugleich die eigene Sicht präsentieren, daher kommt sie häufig in argumentierenden Texten vor. Achtung: Negationen enthalten nicht immer *nicht* oder *kein*.

▶ 24–26 **6 Hören Sie den Beginn dreier Aussagen. Ergänzen Sie den Satz mündlich, beginnend mit *sondern*. Hören Sie dann das Original und vergleichen Sie.**

Zusammenfassungen zur Verständnissicherung nutzen

1 Welche der Fragen, die Sie vor dem ersten Hören formuliert haben (Seite 11, Aufgabe 8), können Sie bereits beantworten? Arbeiten Sie zu zweit und machen Sie Notizen.

....

....

....

....

2 Sichten Sie Ihre bisherigen Notizen und schreiben Sie eine kurze Zusammenfassung des Vortrags bis zu diesem Punkt. Verwenden Sie dafür ein gesondertes Blatt Papier.

27 **3** Sie hören nun die Zusammenfassung, die die Autorin von ihrem bisherigen Vortrag gibt. Notieren Sie zunächst, mit welchem Wort die Autorin ihre Zusammenfassung einleitet.

....

27 **4** Wie ist die Zusammenfassung aufgebaut? Hören Sie noch einmal und nummerieren Sie die Reihenfolge.

☐ Sie lehnt eine These ab.

☐ Sie stellt eine Gegenthese auf.

☐ Sie beruft sich auf die Aussage einer Vereinigung.

☐ Sie zitiert eine Wissenschaftlerin.

> ### ZUSAMMENFASSUNGEN NUTZEN
>
> Zusammenfassungen sind eine wichtige Chance, zu prüfen, ob Sie die wichtigsten Punkte richtig verstanden haben. Achten Sie also auf Signale, die Zusammenfassungen ankündigen, wie *Zusammenfassend ...*, *Zum Schluss ...*, *Am Ende ...*

27 **5** Welche der folgenden Aussagen entsprechen der Zusammenfassung? Hören Sie ein letztes Mal und kreuzen Sie an.

> Das Konzept „doppelte Halbsprachigkeit" ist eine Täuschung. ○
> Mehrsprachigkeit von Kindern ist kein Risiko für die sprachliche Entwicklung. ○
> Mehrsprachigkeit wird außerhalb Europas als problematisch angesehen. ○
> Menschen können mehreren Kulturen zugleich angehören. ○

6 Die Autorin spricht auch von einem möglichen Risiko für mehrsprachige Kinder. Worin besteht dieses Risiko?

....

....

....

7 Das Zitat der *Gesellschaft für bedrohte Sprachen* endet mit einer These oder auch Forderung. Wie denken Sie darüber? Sprechen Sie im Kurs.

„Wo die Zugehörigkeit zu mehreren Kulturen anerkannt und nicht als Problem oder Stigma angesehen wird, kann sich eine gesunde, vielschichtige Identität entwickeln."

Aufmerksamkeit bewusst steuern

1 Am Ende Ihres Vortrags gibt die Autorin einen Ausblick. Sie fordert einen Abschied vom „monolingualen Habitus" in der deutschen Gesellschaft. Was stellen Sie sich darunter vor? Notieren Sie kurz Ihre Gedanken.

....

....

2 Gehen Sie die folgenden Aspekte zu zweit durch und nennen Sie jeweils zwei, drei Punkte, die die Autorin dazu erwähnen könnte.

Mehrsprachigkeit am Arbeitsplatz   Mehrsprachigkeit und Musikalität   Mehrsprachigkeit in Indien

Mehrsprachigkeit in der Schweiz   Mehrsprachigkeit und kindliche Sprachverarbeitung

Mehrsprachigkeit und Hirnfunktionen   Mehrsprachigkeit als Normalfall   Mehrsprachigkeit in der Bibel

Mehrsprachigkeit und Kopfrechnen   Mehrsprachigkeit und geistige Fitness im Alter

▶ 28 **3** Hören Sie den letzten Teil des Vortrags zunächst einmal kursorisch und markieren Sie, auf welche Aspekte von Aufgabe 2 die Autorin tatsächlich zu sprechen kommt.

HÖRSTILE BEWUSST EINSETZEN

▶ 28 **4** Hören Sie noch einmal. Versuchen Sie jetzt, die Informationen zu zwei Aspekten möglichst detailliert zu verstehen. Machen Sie nur zu diesen beiden Aspekten Notizen.

Je nach Ihrem Hörinteresse hören Sie Texte
- kursorisch, d. h. Sie achten auf die Themen und die Hauptaussagen
- selektiv, d. h. Sie suchen gezielt nach Einzelinformationen oder
- detailliert, d. h. Sie versuchen den Text in allen seinen Details genau zu verstehen.

Während eines Vortrags können Sie bewusst zwischen den Hörstilen wechseln, je nachdem, welche Informationen Sie benötigen.

5 Berichten Sie anderen Kursteilnehmern über Ihre Aspekte und hören Sie deren Berichte. Welche Erkenntnisse finden Sie bemerkenswert? Machen Sie Notizen. Verwenden Sie dafür ggf. ein gesondertes Blatt Papier.

....

....

▶ 28 **6** Hören Sie nun selektiv und achten Sie nur auf folgende Einzelinformation: Wo in der Bibel findet man die Erzählung vom Pfingstwunder? Notieren Sie.

....

7 **In ihrem Ausblick bezieht sich die Autorin auf verschiedene Studien.**
Hören und ergänzen Sie die fehlenden Redemittel.

a „........................... Ellen Bialystock (...) in verschiedenen Studien, dass

Mehrsprachigkeit den geistigen Abbau im Alter hinausschieben kann."

b „............ kognitionswissenschaftlichen und psychologischen Studien

..........................., dass [mehrsprachige] Kinder (...) besser als einsprachige

Kinder bei Tests abschneiden, die die exekutiven Hirnfunktionen fordern."

c „........................... François Grosjean, einer der führenden Mehrsprachigkeitsforscher

..........................., ist mindestens die Hälfte der Weltbevölkerung heute mehrsprachig."

d „.. die Gesellschaft für bedrohte Sprachen ....: ..."

e „.. Rosemary Tracy die Ansicht, dass Sprachmischung zu Verwirrung

.... und kindliche Mehrsprachigkeit ein Risiko ...., unter die Überschrift

‚Mythen, Ideologien, Unsinn'."

8 **Die Vortragende kommt zum Schluss. Sie möchte, dass Sie genau zuhören.**
An welchen sprachlichen Mitteln erkennen Sie das?

1. Signalwort:

2. Verweis auf zuvor Gesagtes:

3. Stilmittel:

9 **Hören Sie noch einmal den Schluss. Die Autorin betont, dass die kognitiven Vorteile früher Mehrsprachigkeit**
im Bildungsbereich genutzt werden könnten, wenn eine Reihe von Bedingungen gegeben wären. Welche der
drei Notizen entspricht diesem Bedingungsgefüge? Kreuzen Sie an.

A ○

Folge
⇐ Bedingung 1 = Bedingung 2 = { Bedingung 3
+ Bedingung 4
+ Bedingung 5

B ○

Folge
⇐ Bedingung 1
+ Bedingung 2
+ Bedingung 3
+ Bedingung 4
+ Bedingung 5

C ○

Folge
⇐ Bedingung 1 = { Bedingung 2
+ Bedingung 3
+ Bedingung 4
+ Bedingung 5

10 **Hören Sie das Schlusswort ein letztes Mal und machen Sie Notizen auf einem gesonderten Blatt Papier.**
Fassen Sie dann die Aussage der Autorin mit Ihren Worten in ein oder zwei Sätzen zusammen.

1 Kombinieren Sie die passenden Teilsätze zu einer Textzusammenfassung.

1 Die Autorin weist in ihrem Vortrag darauf hin, dass in Deutschland Mehrsprachigkeit bei Kindern unterschiedlich bewertet wird,

2 Sprechen die Kinder Sprachen, die durch ihre Rolle im Bildungssystem legitimiert sind,

3 Handelt es sich hingegen um Sprachen von Zuwanderern,

4 In diesem Zusammenhang wird in der öffentlichen Debatte oft das Konzept einer drohenden „doppelten Halbsprachigkeit" zitiert,

5 Die Autorin zeigt jedoch,

6 Zum einen erweisen sich angebliche Defizite im Deutschen als Unsicherheit mit der Schulsprache,

7 Kinder aus anderen Schichten haben dadurch einen Nachteil im Bildungssystem, unabhängig davon,

8 Auch die andere Seite des Konzepts „doppelte Halbsprachigkeit" widerlegt die Autorin,

9 Zusammenfassend sieht die Autorin das Konzept als einen Mythos, der sich negativ auf die Erwartungen auswirkt,

10 Nach einem Überblick über die Chancen von Mehrsprachigkeit fordert die Autorin schließlich gesellschaftliche Rahmenbedingungen,

a indem sie zeigt, dass etwa das Türkische in Deutschland als ein regionaler Dialekt des Türkischen verstanden werden muss.

b nach dem die Kinder keine ihrer Sprachen „richtig" sprechen.

c je nachdem, welche Sprachen die Kinder sprechen.

d denen mehrsprachige Kinder bestimmter Zweitsprachen begegnen, und damit auch auf ihr sprachliches Selbstbild.

e wird das als Vorteil für sie wahrgenommen.

f müssen die Kinder damit rechnen, dass ihre Mehrsprachigkeit als Problem gesehen wird.

g dass dieses Konzept auf einer doppelten Täuschung beruht.

h ob sie ein- oder mehrsprachig aufgewachsen sind.

i in denen Kinder unabhängig von ihrem sozialen Hintergrund und unabhängig von ihren Zweitsprachen auf positive Erwartungen treffen.

j die näher an der Schriftsprache ist und sich an Sprache und Sprachgebrauch der Mittelschicht orientiert.

1 + c

2 Welche der folgenden Sätze entsprechen den Aussagen des Vortrags? Kreuzen Sie an.

> Das Prestige von Sprachen in einer Gesellschaft hängt mit dem Ansehen zusammen, das die Sprecher dieser Sprachen haben. ○
> Mehrsprachige Kinder haben ein höheres Risiko, Probleme in der Schule zu bekommen. ○
> Es gibt einen Zusammenhang zwischen sozioökonomischem Hintergrund und Bildungserfolg. ○
> Mehrsprachige Kinder können die volle Kompetenz in „natürlicher Mehrsprachigkeit" besitzen, auch wenn ihnen die Bildungssprache noch fehlt. ○
> Mehrsprachige Kinder sind gegenüber einsprachigen Kindern kognitiv im Vorteil. ○
> Deutschland sollte eine mehrsprachige Gesellschaft werden. ○
> Deutschland braucht eine andere Sprach- und Sprachbildungspolitik. ○

Wortschatz erweitern

1 Ergänzen Sie die Zitate aus dem Vortrag mithilfe der folgenden Adjektive in der passenden Form. Die Wörter in den Klammern geben Ihnen Hinweise auf die Bedeutung.

grundsätzlich   hartnäckig   unerheblich   zusätzlich

vermeintlich   zwangsläufig   wesentlich   offensichtlich

> „…, weil ein nicht _____ (geringer) Teil der Bevölkerung mehrsprachig ist."

> „Der frühe Kontakt mit mehreren Sprachen ist _____ (klar erkennbar) ein geistiges Training. Jedes Kind lernt eine Sprache oder mehrere – aber eben nicht _____ (notwendigerweise) die Sprache der Mittelschicht."

> „…, dass Sprache _____ (prinzipiell) unabhängig von der Intelligenz erworben wird."

> „Das _____ (vermutete) Dezifit im Deutschen entpuppt sich vor allem als Problem in der formellen Schulsprache."

> „Der Erwerb des Türkischen wird nicht als _____ (weitere) Kompetenz wahrgenommen."

> „Der Sprachgebrauch in der Schule unterscheidet sich ganz _____ (fundamental) von der Alltagssprache."

> „Dennoch hält sich der Mythos von der ‚doppelten Halbsprachigkeit' _____ (unveränderlich) in der Öffentlichkeit."

2 Streichen Sie jeweils das Wort, das nicht in die Reihe passt.

> das Ansehen – ~~der Habitus~~ – die Anerkennung – das Prestige
> die Auffassung – die Einschätzung – die Ansicht – der Hinweis
> den Fakten entsprechen – zutreffen – stimmen – sich entpuppen
> berücksichtigen – feststellen – nachweisen – zeigen

3 Was bedeuten die kursiv gesetzten Ausdrücke? Kreuzen Sie an.

a „So ist es in der bürgerlichen Mittelschicht *gang und gäbe*, Kindern Fragen zu stellen, die als echte Fragen ganz unsininng wären, die aber typisch für ‚Prüfungs'-Fragesituationen in der Schule sind."

> allgemein üblich ◯
> akzeptabel ◯

> zurzeit modern ◯
> wünschenswert ◯

b „Sprachtests werden typischerweise von Mittelschichts-Prüfern durchgeführt, mit ihrem Mittelschichts-Sprachgebrauch und -Habitus durchgeführt, und Kinder aus anderen sozialen Schichten *neigen dazu*, dann eher schüchtern zu sein und nicht viel zu sagen."

> versuchen ◯
> sind gezwungen ◯

> haben die Tendenz ◯
> tun so, als ob ◯

Arbeitstechniken wiederholen

1 Wie kann man sich auf das Hören eines Vortrags vorbereiten? Nennen Sie drei Arbeitsschritte.

Infokästen Seite 8, 9, 11

1. ....

2. ....

3. ....

2 Wie sollte man bei der Mitschrift mit Beispielen umgehen? Kreuzen Sie an.

Infokästen Seite 12, 16

> Beispiele können helfen, Vermutungen über den Textinhalt zu überprüfen. ◯
> Beispiele können helfen, das Verständnis abstrakter Passagen zu überprüfen. ◯
> Beispiele sollte man möglichst genau mitschreiben. ◯
> Beispiele kann man in Form einer kurzen Notiz mitschreiben. ◯
> Beispiele sollte man nie mitschreiben. ◯

3 Welche Abkürzungen und Symbole haben Ihnen geholfen? Sehen Sie Ihre Notizen noch einmal durch und tragen Sie in die Tabelle ein, was Sie weiterhin benutzen möchten. Ergänzen Sie ggf. auch eigene Ideen.

Infokästen Seite 15, 16, 19

Abkürzung	Bedeutung	Symbol	Bedeutung
....	....	....	....
....	....	....	....
....	....	....	....
....	....	....	....

▶ 31–34 4 Hören Sie die Ausschnitte aus dem Vortrag und notieren Sie die Signalwörter, die Sie erkennen. Ordnen Sie sie den Funktionen zu.

Infokästen Seite 17, 18, 19

nicht nur ... sondern auch .... Signal für ein Fazit

.... Signal für einen Widerspruch

.... Signal für die Untermauerung einer These

.... Signal für die Gliederung einer Argumentation

▶ 31–34 5 Hören Sie die Textausschnitte noch einmal und machen Sie mithilfe von Abkürzungen und Symbolen Notizen dazu.

Infokästen Seite 15, 16, 19

....

....

....

....

Übungstext 1

Der Ursprung der Gewalt

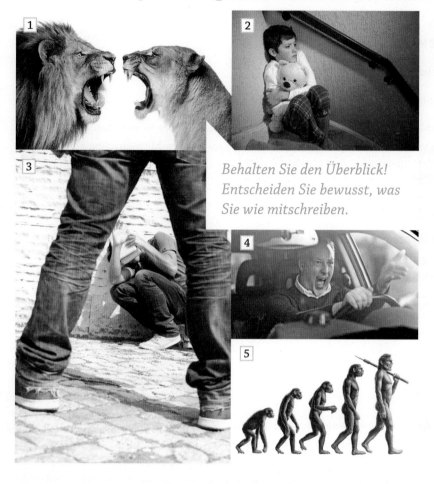

Behalten Sie den Überblick! Entscheiden Sie bewusst, was Sie wie mitschreiben.

DAS LERNEN SIE

- Zentrale Begriffe recherchieren
- Wortnetze bewusst machen
- Auf Fragen achten
- Skizzen zeichnen
- Positionen abgrenzen
- Ankündigungen nutzen
- Inhaltssignale berücksichtigen
- Kontext als Verstehenshilfe nutzen
- Aufmerksamkeitssignale beachten
- Vortrag und Handout verbinden
- Eigene Gedanken festhalten
- Den Überblick sichern
- Gegenüberstellungen notieren
- Nach Themen ordnen
- Fachausdrücke erkennen
- Nach W-Fragen oder Gegensätzen ordnen
- Argumentationsstrukturen erkennen
- Vermutungen identifizieren
- Kernaussagen erhören

Einstieg

1   Was ist der Ursprung der Gewalt? Warum verhalten sich Menschen aggressiv? Welche der folgenden Erklärungsversuche passen zu den Bildern? Was meinen sie?

A Aggression ist das Ergebnis der Evolution.
B Aggression ist eine Folge der emotionalen Vernachlässigung von Kindern.
C Aggression ist ein Produkt der Zivilisation.
D Aggression ist ein Trieb.
E Aggressivität ist eine angeborene, individuelle Eigenschaft.

2   Wie überzeugend finden Sie diese Erklärungen? Tragen Sie die Buchstaben aus Aufgabe 1 in die Skala ein. Erstellen Sie dann eine Kursstatistik und diskutieren Sie das Ergebnis.

Ich stimme nicht zu.   Ich bin unentschieden.   Ich stimme voll zu.

3   Ist der Mensch im Laufe der Geschichte wohl friedfertiger oder aggressiver geworden? Diskutieren Sie.

1 **Sie möchten einen Vortrag in der Ringvorlesung *Was ist der Mensch?* hören.**
Lesen Sie den Beginn der Vortragsankündigung und markieren Sie zentrale Begriffe.

Vom Ursprung der Gewalt

Neue Erkenntnisse der Neurowissenschaften

Prof. Dr. Joachim Bauer, Universität Freiburg

Gibt es einen Aggressionstrieb des Menschen, wie Sigmund Freud es vermutete? Oder ist der Mensch seiner Natur nach ein soziales Wesen und versucht, in friedlicher Gemeinschaft mit seinen Mitmenschen zu leben? In seinem Vortrag stellt Prof. Bauer, Neurobiologe und Psychosomatiker an der Universitätsklinik Freiburg, ...

2 **Um das Verhalten von Tieren und Menschen zu erklären, wurde im 19. und 20. Jahrhundert oft der Begriff des *Triebs* benutzt. Welche Definition erscheint Ihnen am passendsten? Kreuzen Sie an.**

Ein Trieb ist eine bei einem biologischen Akteur spontan auftretende Verhaltenstendenz, die ...

> durch Erziehung erworben wird. ○
> durch Gewöhnung bzw. Dressur erworben wird. ○
> natürlich vorgegeben ist. ○

3 **Überprüfen Sie Ihre Antwort bei Aufgabe 2 mit einem Fachwörterbuch oder Handbuch zur Psychologie, Medizin oder Biologie und korrigieren Sie ggf. Ihre Antwort.**

ZENTRALE BEGRIFFE RECHERCHIEREN

Begriffe, die in einem Vortrag eine zentrale Rolle spielen könnten, sollten Sie nicht nur verstehen: Es kann auch hilfreich sein, sich vor dem Vortrag darüber zu informieren, von wem und wie sie bisher gebraucht wurden. Fachwörterbücher und Handbücher helfen Ihnen dabei. Notieren Sie für diese Begriffe direkt auch geeignete Abkürzungen, die Sie in Ihrer Mitschrift verwenden möchten.

4 **Arbeiten Sie zu zweit und recherchieren Sie, wie der Begriff „Aggressionstrieb" bei *Sigmund Freund* und *Konrad Lorenz* verwendet wird. Nutzen Sie ein Fachwörterbuch, ein Handbuch oder das Internet.**
Übernehmen Sie je einen der Forscher, machen Sie sich Notizen zu seinen Aussagen und berichten Sie dann.

5 **Wie kann man wohl untersuchen, welche Verhaltensweisen des Menschen als Trieb bezeichnet werden können und welche nicht? Was meinen Sie? Kreuzen Sie an und ergänzen Sie ggf. eine eigene Idee. Diskutieren Sie dann im Kurs Vor- und Nachteile der Verfahren.**

> Indem man Menschen verschiedener Kulturen beobachtet und die Ergebnisse vergleicht. ○
> Indem man repräsentative Meinungsumfragen durchführt. ○
> Indem man sich intensiv mit Texten der Philosophie und Literatur aus verschiedenen Jahrhunderten beschäftigt. ○
> Indem man die Hirnaktivitäten von Probanden bei bestimmten Experimenten misst. ○
> Indem man einzelne Probanden ausführlich interviewt. ○
> Indem man das Verhalten von Testpersonen bei psychologischen Experimenten beobachtet. ○
> Indem man das Verhalten von Menschenaffen studiert und Rückschlüsse auf den Menschen zieht. ○
> Indem man die Geschichte der Menschheit analysiert. ○

> ....

6 **Was wissen Sie über Forschungsgebiet und -methoden der *Neurowissenschaften*? Recherchieren Sie ggf. im Internet und kreuzen Sie an.**

Die Neurowissenschaften ...
> beschäftigen sich mit Aufbau und Funktion von Nervenzellen und Nervensystemen. ○
> untersuchen ausschließlich neuronale Netzwerke von Menschen. ○
> betreiben nur Grundlagenforschung. ○
> untersuchen Ursachen und Heilungsmöglichkeiten von Nervenkrankheiten. ○
> untersuchen die kognitive Informationsverarbeitung. ○
> untersuchen die Entstehung von Emotionen. ○
> benutzen verschiedene elektronische Verfahren zur Messung von Hirnaktivitäten. ○

7 **Lesen Sie die Vortragsankündigung kursorisch und markieren Sie Fachwörter aus der Biologie oder den Neurowissenschaften sowie Wörter, die mit den zentralen Begriffen *Aggression* und *Gemeinschaft* verbunden sind. Ordnen Sie sie dann zu.**

Bauer argumentiert mit Darwin, nach dem „die meisten oder alle fühlenden Wesen sich dergestalt entwickelt haben, dass sie sich regelhaft durch angenehme Empfindungen leiten lassen". Ein Verhalten könne in der Evolution also nur dann ein Trieb werden, wenn es im biologischen Akteur
5 angenehme Empfindungen auslösen würde, so Bauer. Die Neurowissenschaften können angenehme Empfindungen messen. Damit sind sie in der Lage zu untersuchen, ob unprovozierte Aggression und Destruktion tatsächlich triebhaft im Menschen angelegt sind oder ob es für ihn neurobiologisch eher „lohnend" ist, mit seinen Mitmenschen friedlich und fair
10 zusammenzuleben und ihr Vertrauen und ihre Anerkennung zu gewinnen. Was passiert im menschlichen Gehirn, wenn wir anderen Schmerzen, Leid oder Schaden zufügen, sie demütigen oder gar versuchen, sie zu töten und zu vernichten? Die Neurobiologie beobachtet die Ausschüttung der Glücksbotenstoffe (z. B. Dopamin) in den sogenannten Motivationssystemen,
15 einem Nervenzellsystem im Mittelhirn. Das eindeutige Ergebnis dieser ...

> **WORTNETZE BEWUSST MACHEN**
>
> Die zentralen Begriffe eines Textes liegen in der Regel im Zentrum eines Netzes von Wörtern, die eng mit diesen zentralen Begriffen in Verbindung stehen. Bereiten Sie sich aufs Hören vor, indem Sie die Materialien zum Vortrag (Ankündigungen, Handouts) auf solche Netze hin auswerten. Auch bei der Begriffsrecherche können Sie schon auf solche Netze achten.

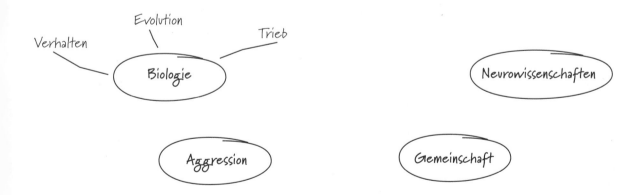

8 **Welche logische Struktur liegt der Argumentation der Zeilen 1–5 der Vortragsankündigung in Aufgabe 7 zugrunde? Kreuzen Sie an.**
> Ein Verhalten ist ein Trieb. → Das Verhalten ist angenehm. ○
> Ein Verhalten ist angenehm. → Das Verhalten kann ein Trieb werden. ○

Die Entwicklung von Fragestellungen nachvollziehen

▶ 1 **1 Hören Sie die Einleitung des Vortrags. Der Autor entwickelt darin seine Fragestellung. Ergänzen Sie in den Notizen die beiden Fragen (F).**

F (Bio+Med):

<–> zentr Rolle: Begr „Trieb"

Darwin: Entw Lebewesen <–> angenehme Empf

–> F:

▶ 2 **2 Der Autor diskutiert zwei Verfahren zur Beantwortung seiner Frage. Hören Sie und notieren Sie zunächst in der Tabelle „+" für eine positive und „–" für eine negative Erwähnung.**

Untersuchungsverfahren	Erwähnung	Gründe für die Bewertung
Meinungsumfragen		
Hirnforschung		

▶ 2 **3 Hören Sie noch einmal. Wie begründet der Autor seine Bewertung der Untersuchungsverfahren? Notieren Sie die Gründe in der 3. Spalte der Tabelle bei Aufgabe 2.**

4 Lesen Sie und markieren Sie Fragen mit Gelb und Textteile, die die Fragen einleiten, mit Grün.

a „Seit Biologen und Mediziner einst begannen, sich mit der Frage zu beschäftigen, was ein Lebewesen seiner Natur nach sei, spielte der Begriff des ‚Triebes' eine zentrale Rolle."

b „Damit ergibt sich die Frage: Was sind beim Menschen Verhaltenstendenzen, die – nach Art eines Triebes – spontan auftreten und die – nach Darwin – ‚angenehme Empfindungen' zur Folge haben?"

c „Nun war man nicht mehr darauf angewiesen, Menschen zu befragen, welche Verhaltensweisen in ihnen, ihrer eigenen Meinung nach, triebhaft angelegt und mit angenehmen Empfindungen verbunden seien."

d „… ist es mit den heute zur Verfügung stehenden Untersuchungsverfahren möglich, direkt zu beobachten, welche Verhaltensweisen des Menschen zu einer Ausschüttung von Glücksbotenstoffen führen …"

AUF FRAGEN ACHTEN

Fragen sind ein zentrales Element wissenschaftlicher Argumentation. Ausdrücke, die Fragen einleiten, sind also Textsignale dafür, dass ein wichtiger Punkt folgt oder vorausgegangen ist. Achtung: Fragen werden häufig in Nebensätzen formuliert.

▶ 1–2 **5 Wie könnten die folgenden Erläuterungen aus dem Vortrag den Fragen aus 4 zugeordnet sein? Ordnen Sie zu, hören Sie dann und vergleichen Sie.**

☐ „Die moderne Hirnforschung entdeckte neuronale Systeme, die angenehme Empfindungen auslösen."

a „Ein Trieb ist nicht erworben, sondern er ist eine angeborene Tendenz, sich zu verhalten."

☐ „Die Neurobiologie konnte klären, welche Verhaltensweisen ‚lohnend' sind."

☐ „Durch Meinungsumfragen konnte man keine wissenschaftlichen Antworten bekommen."

6 Ergänzen Sie in der Skizze im Bereich B, was Sie schon zur Funktion der neuronalen Systeme für „angenehme Empfindungen" verstanden haben. Einige Begriffe aus den Fragen von Aufgabe 4 helfen Ihnen dabei. Hören Sie dann noch einmal und vergleichen Sie Ihre Einträge.

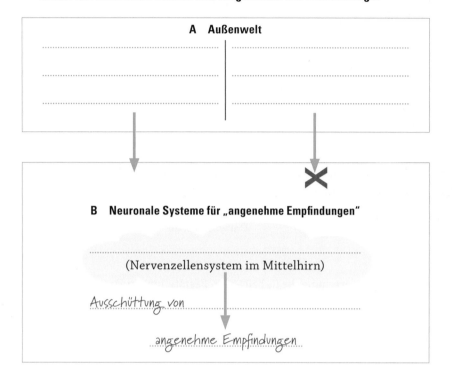

SKIZZEN ZEICHNEN

Zusammenhänge können Sie auch mit Skizzen festhalten. Hinweise dafür, dass eine Skizze hilfreich ist, sind Stichwörter im Vortragstext, die auf Funktionszusammenhänge verweisen, wie z. B. die Nomen *System, Mechanismus, Verfahren, Schema, Ablauf.* Auch Verben, die Wirkungszusammenhänge beschreiben wie *dazu führen* (vgl. Infokasten auf Seite 39) oder die Beschreibung von Konditionalzusammenhängen (*immer dann, wenn – dann, nur dann*), können eine Skizze nahe legen. Lassen Sie auf Ihrem Notizpapier Freiraum, um Ihre Skizze später ergänzen zu können.

7 Hören Sie nun den Vortrag weiter und ergänzen Sie die Beschriftung für eine Seite im Bereich A der Skizze.

8 Im nächsten Ausschnitt referiert der Autor einige Beiträge zu der Frage, was der Mensch seiner Natur nach ist. Hören Sie und ordnen Sie Forscher bzw. Forschungsrichtungen und deren Forschungspositionen einander zu.

Charles Darwin   Sigmund Freud   Konrad Lorenz   Die moderne Hirnforschung

Die amerikanische Hirnforschung   Die moderne Neurobiologie

> .... entwickelt das Konzept eines „Aggressionstriebs".

> .... übernimmt die Idee eines „Aggressionstriebs".

> .... erkennt, dass ein menschlicher „Aggressionstrieb" nicht nachweisbar ist.

> .... vermutet, dass die stärksten „Triebe" beim Menschen „soziale Instinkte" sind.

> .... zeigt, dass die Motivationssysteme reagieren, wenn wir fair behandelt werden und andere fair behandeln.

> .... prägt den Begriff des „social brain": Unser Gehirn braucht Gemeinschaft und Gleichwertigkeit.

9 Hören Sie noch einmal und ergänzen Sie die Beschriftung für das noch freie Feld im Bereich A der Skizze bei Aufgabe 6.

▶ 5 **10 Wie setzt der Autor die verschiedenen Forschungspositionen zueinander in Beziehung?**
Hören Sie den Ausschnitt ein letztes Mal und ergänzen Sie die Ausdrücke.

a „Damit (1) *war* die Theorie eines menschlichen ‚Aggressionstriebes' (...) (2) *widerlegt* .“

b „Freud (3) _____ der Mensch unterliege (...) einem ‚Trieb zum Hassen und Vernichten', ...“

c „Die Erkenntnis der modernen Neurobiologie, dass sich ein menschlicher ‚Aggressionstrieb' nicht

(4) _____ lässt, (5) _____ insoweit Sigmund Freud und Konrad Lorenz.“

d „Zugleich (6) _____ sie dem genialen Charles Darwin (7) _____ .“

e „Selbstverständlich (8) _____ Darwin (...) das Faktum der menschlichen Aggression.“

f „(9) _____ Darwin (10) _____ die menschliche Aggression kein Trieb, sondern ein reaktives Verhaltens-

programm.“

g „(11) _____ die stärksten ‚Triebe' des Menschen (12) _____ Darwin dessen – so wörtlich – ,

soziale Instinkte'.“

h „Tatsächlich (13) _____ die moderne Hirnforschung die (...) zitierten Feststellungen Darwins: ...“

11 Ordnen Sie die Redemittel aus Aufgabe 10 nach ihrer Funktion. Tragen Sie sie in die Tabelle ein.

Eine Position neutral referieren

der Ansicht sein –

_____

Die Ablehnung einer Position referieren

etw. widerlegen –

Die Bestätigung einer Position referieren

_____

POSITIONEN ABGRENZEN

Bei der Entwicklung ihrer Fragestellung berücksichtigen wissenschaftliche Vorträge die Ergebnisse anderer wissenschaftlicher
Arbeiten. Diese werden oft dicht
gedrängt referiert. Um den Überblick nicht zu verlieren, können Sie
sich an den Verben bzw. Verbalaus-
drücken orientieren, mit denen die
Positionen wiedergegeben werden.
In der Regel baut ein Vortrag auf
den Positionen auf, die er positiv
referiert. Diese sind also für Sie am
wichtigsten.

▶ 6 **12 Hören und notieren Sie das Zwischenfazit des Autors sowie die beiden**
Fragen, auf die er im weiteren Vortrag eingehen möchte.

Fazit: _____

1. F: _____

2. F: _____

ANKÜNDIGUNGEN NUTZEN

Notieren Sie die Themen oder
Fragen, die die/der Vortragende
für ihren/seinen weiteren Vortrag
ankündigt. Signale sind z. B. Auf-
zählungswörter (*zunächst, dann,
nachfolgend, abschließend*).

▶ 6 **13 Hören Sie Track 6 noch einmal und ergänzen Sie die Ankündigungen.**

> „Ich möchte _____ , in einem ersten

Schritt, darlegen, ...“

> „In einem zweiten Schritt möchte ich _____

einige Überlegungen zu der Frage anstellen, ...“

Die Darstellung von Forschungsergebnissen nachzeichnen

1   Welche der folgenden Begriffe könnten zu den Bildern passen? Überlegen Sie zu zweit und ordnen Sie zu.

A   soziale Ausgrenzung/Demütigung   B   Gewalt/Aggression   C   Schmerz

2   Wie kann man die These formulieren, die in Aufgabe 1 bildlich dargestellt ist? Notieren Sie sie in einem Satz.

....

▶ 7   **3   Der Autor referiert jetzt Ergebnisse der Aggressionsforschung. In welcher Reihenfolge kommen die Themen vor? Hören Sie und nummerieren Sie.**

☐   Zurückhalten von Aggression   ☐   soziale Ausgrenzung   ☐   körperlicher Schmerz

▶ 7   **4   Hören Sie noch einmal und ergänzen Sie die Signalwörter.**

> **INHALTSSIGNALE BERÜCKSICHTIGEN**
>
> Abstrakte Nomen, die auf Zusammenhänge verweisen, wie z. B. *Tatsache, Beobachtung, Phänomen, Erkenntnis, Grund,* sind oft ein Signal dafür, dass ein neuer Inhaltsaspekt referiert wird. Dieser folgt dann oft in einem *dass-Satz.* Achten Sie auf diese neue Information.

a   „Zu den frühesten Erkenntnissen (...) gehörte die ...., dass die willkürliche Zufügung von Schmerzen ...“

b   „Der evolutionäre .... der Aggression ist offenbar, dass Lebewesen ...“

c   „Ein Durchbruch zum Verständnis menschlicher Aggression war die erst vor wenigen Jahren gemachte ...., dass die Schmerz-Nervenzellen (...) nicht nur dann reagieren, wenn ...“

d   „Mit der ...., dass soziale Ausgrenzung Aggression ...“

e   „Ein entscheidender Grund (...) ist ein ...., das ich als ‚Verschiebung‘ bezeichnet habe.“

▶ 7   **5   Hören Sie ein letztes Mal und formulieren Sie den jeweiligen Kern der Aussagen in Aufgabe 4 in verkürzter Form.**

a   *willkürl Zufüg Schm –> 100% Agg* ....

b   *Agg –>* ....

c   ....

d   ....

e   ....

6 Was bedeuten die folgenden Aussagen des Autors? Notieren Sie eine Erklärung mit eigenen Worten.

> „Wer die Schmerzgrenze eines Lebewesens tangiert, wird Aggression ernten."

....

> „Wer in grauen Vorzeiten sozial ausgegrenzt wurde, war so gut wie tot."

....

> „... menschliche Aggression [kann] ihre Rolle als soziales Regulativ sehr häufig nicht erfüllen, ..."

....

▶ 8, 9 **7** Hören Sie zwei Ausschnitte mit je einer Lücke. Erschließen Sie das fehlende Wort aus dem Kontext und notieren Sie es. Hören Sie dann den vollständigen Satz und korrigieren Sie ggf. Ihre Notizen.

KONTEXT ALS VER-
STEHENSHILFE NUTZEN

> ....   Begriff im Vortrag: ....

> ....   Begriff im Vortrag: ....

Versuchen Sie, unbekannte Wörter aus dem Kontext zu erschließen. In Ihrer Mitschrift können Sie unbekannte Wörter oder Verständnislücken mit einem umgekehrten Fragezeichen (¿) markieren.

▶ 10 **8** Der Autor beschreibt im folgenden Ausschnitt des Vortrags vor allem Wirkungszusammenhänge. Hören Sie und ergänzen Sie die Verben, die er dazu benutzt, in den unten stehenden Aussagen.

a „Doch wie sollen wir uns erklären, dass Aggression bei Weitem nicht nur dann ....,

wenn Menschen körperlich angegriffen werden?"

b „Dass (...), lässt uns erstmals verstehen, warum nicht nur körperlicher Schmerz Aggression

...., sondern auch soziale Ausgrenzung und Demütigung."

c „Überall, wo die soziale Integration gefährdet ist (...), ... als Reaktion (...) Aggression."

d „Vielerlei Gründe können dazu ...., dass ein Mensch seinen Ärger nicht sofort an

denjenigen adressiert, dem die Wut eigentlich gelten sollte."

▶ 11–13 **9** Hören Sie drei Ausschnitte aus dem Vortrag und kreuzen Sie an, welche Aufmerksamkeitssignale zu hören sind.

AUFMERKSAMKEITS-
SIGNALE BEACHTEN

> Ein entscheidender Grund ... ◯   > Das ist wichtig, ... ◯
> Ein entscheidender Beitrag ... ◯   > Ein Durchbruch ... ◯
> Eine wichtige Erkenntnis ... ◯   > ... sozusagen ... ◯

Vortragende heben oft hervor, was ihnen wichtig erscheint: durch explizite Hinweise (*das ist wichtig*) oder durch die Wahl von Nomen und Adjektiven: *entscheidender Beitrag, wichtige Erkenntnis, überzeugende Antwort, Durchbruch. Sozusagen* ist in Vorträgen oft ein Hinweis auf eine ungewöhnliche, aber griffige Erklärung.

▶ 11–13 **10** Hören Sie noch einmal und notieren Sie, auf welche Inhalte der Sprecher aufmerksam macht.

> *Entdeckg* ....

> ....

> ....

Bezüge herstellen

1 Lesen Sie den Abschnitt aus dem Handout. Was fällt Ihnen zu den einzelnen Punkten ein? Notieren Sie Ihre Assoziationen in Wort und Bild.

Gewalt im öffentlichen Raum
1 Verschiebung von Aggression
> Aggression gegen Unbeteiligte statt gegen Verursacher der Aggression

2 Gründe für Aggression
> soziale Ausgrenzung
> fehlende Aussichten auf berufliche Zukunft

3 Gegenmittel
> gute familiäre und soziale Bindungen

Aggression = Gewalt, Randale, Vandalismus – in U-Bahn und Bahn – gegen Menschen und Sachen –

VORTRAG UND HANDOUT VERBINDEN

Wenn es möglich ist, versuchen Sie das Handout zum Vortrag bereits vor dem Beginn des Vortrags zu lesen. Lassen Sie dabei Ihren Assoziationen freien Lauf: Was wissen Sie bereits zu den einzelnen Punkten? Was könnte im Vortrag dazu gesagt werden? Welche Begriffe passen zu den Punkten? Ergänzen Sie das Handout mit eigenen Anmerkungen und ggf. Zeichnungen.
Auf diese Art können Sie sich auf den Vortrag einstimmen und allgemeines Vorwissen sowie bereits bekannten Wortschatz aktivieren.

2 Notieren Sie die Nummern der Abschnitte im Handout, die zu den Begriffen passen.

3 liebevolle Eltern	☐ Außenseiter	
☐ keine Zukunftsperspektive	☐ emotionale Zuwendung	
☐ Feindseligkeit gegen Unbekannte	☐ intakte Freundschaften	
☐ Zerstörung von öffentlichem Eigentum	☐ kindliche Traumatisierung	

14

3 Hören Sie und notieren Sie die Gründe, die der Autor für das von ihm beschriebene Phänomen nennt. Achten Sie dabei vor allem auf Nomen und Verben. Machen Sie Notizen in den Zeilen 2 und 3.

Gew im öff Raum: oft Versch von Agg
←
→
!
*

EIGENE GEDANKEN FESTHALTEN

Halten Sie beim Mitschreiben auch Ihre eigenen Gedanken zu einem Thema fest, z. B. am rechten Rand, markiert mit einem Asterisk (*).

14

4 Hören Sie den Ausschnitt noch einmal. Ergänzen Sie Ihre Notizen zu den Gründen und notieren Sie in der vierten Zeile von Aufgabe 3 (gekennzeichnet mit „!"), welche Forderung der Autor aufstellt.

5 Sehen Sie sich noch einmal Ihre Notizen zu dem Handout oben auf der Seite an und vergleichen Sie diese mit der Mitschrift bei Aufgabe 3. Welche bestätigenden oder kritischen Gedanken zu dem Thema haben Sie? Notieren Sie diese in der fünften Zeile von Aufgabe 3 (gekennzeichnet mit „*").

Den Überblick behalten

▶ 15 **1   In welcher der beiden Gliederungen ist der jetzt folgende Ausschnitt richtig eingeordnet?**
Hören Sie, kreuzen Sie an und ergänzen Sie das Thema des Abschnitts.

A ○

O Agg ist kein Trieb

1 Wie entsteht Agg?

   a) soziales Regulativ

   b) Verschiebung

     → Gewalt im öff Raum

2 Warum Zunahme Agg seit

10000 Jahren?

   a) ....

B ○

O Agg ist kein Trieb

1 Wie entsteht Agg?

   a) soziales Regulativ

   b) Verschiebung

     → Gewalt im öff Raum

   c) ....

2 Warum Zunahme Agg seit

10000 Jahren?

▶ 15 **2   Im eben gehörten Ausschnitt des Vortrags wurde dreimal etwas gegenübergestellt. Auf der Präsentationsfolie**
sehen Sie die erste Gegenüberstellung. Hören Sie noch einmal und notieren Sie die sprachlichen Mittel, mit
denen der Vortragende diese Gegenüberstellungen kenntlich macht.

Biologischer Aggressionsapparat
des Menschen

- zwei Komponenten
  - „Dampfkessel-Komponente"
  - moralisches Kontroll-Zentrum

....

....

....

....

▶ 15 **3   Hören Sie ein letztes Mal und vervollständigen Sie dabei jetzt die Notizen.**

Biologischer Aggressionsapparat des Menschen: ....

Dampfkessel-Komponente	moralisches Kontroll-Zentrum
–	–
	– „Präfrontaler Cortex"
	–

Maßnahmen z Aggvermeidg:

1. ....   2. ....

4   Schreiben Sie auf Grund Ihrer Notizen von den Seiten 30–36 eine kurze Zusammenfassung des Teilvortrags,
den Sie bisher gehört haben. Verwenden Sie dafür ein gesondertes Blatt Papier.

Strukturierend hören

▶ 16 **1   Hören Sie und notieren Sie die Antworten zu den Fragen.**

a   Mit welchen sprachlichen Mitteln macht der Vortragende klar, dass er nun zu Punkt 2 in der Gliederung
(Seite 36, Aufgabe 1) übergehen möchte?

....

b   Worüber möchte er im nächsten Teil seines Vortrags sprechen?

....

▶ 17 **2   Was wissen Sie über unsere evolutionären Vorfahren, die *Australopitheken*? Kreuzen Sie an und hören
Sie dann den Ausschnitt. Überprüfen Sie dabei Ihre Vermutungen und korrigieren Sie sie, wenn nötig.**

Zwischenwesen zwischen Affe und Mensch   ○   ○   ausdauernder Langstreckenläufer

relativ klein   ○   ○   sozialer Zusammenhalt und Intelligenz

Schrecken verbreitende Ungetüme   ○   ○   überdurchschnittlich groß

geschickter und gefürchteter Jäger   ○   ○   Ernährung: meist Pflanzen

Ernährung: Fische und kleine Tiere   ○   ○   Ernährung: Fleisch von Mammuts

▶ 17 **3   Hören Sie noch einmal. Welche Themen spricht der Autor dabei an?
Notieren Sie zunächst nur die Themen in der linken Spalte der Tabelle.**

Themen	Informationen
– Bedingungen	....
–	....
–	....
–	....
–	....
–	....
–	....
–	....

NACH THEMEN ORDNEN

Treffen Sie beim Hören und Mitschreiben eine bewusste Entscheidung darüber, wie Sie Informationen ordnen möchten. Bei
ausführlichen Beschreibungen
kann man z. B. nach thematischen
Punkten ordnen.

**FACHAUSDRÜCKE
ERKENNEN**

▶ 17 **4   Hören Sie noch einmal. Ergänzen Sie nun die rechte Spalte der Tabelle
bei Aufgabe 3 mit den detaillierten Informationen.**

Hinweise auf die Einführung von
Fachausdrücken sind z. B. Formulierungen wie *bezeichnet man als,
wird … genannt, man spricht von …,
der sogenannte …* Heben Sie in
Ihren Notizen wichtige Fachwörter
hervor.

▶ 18 **5   Hören Sie, wie der Autor einen Fachausdruck einführt, und schreiben
Sie seinen Satz mit einer anderen Fomulierung.**

....

6 Lesen Sie den Abschnitt aus dem Handout und markieren Sie die zentralen Informationen. Ordnen Sie dann die W-Fragen des Infokastens diesen Informationen zu.

Beginn der Zivilisation („neolithische Revolution")

Was?

- vor ca. 10 000 Jahren: evolutionäre Vorfahren wurden sesshaft
- Zweistromland oder Mesopotamien: Gebiet zwischen den Flüssen *Euphrat* und *Tigris* (heute: Teile von Irak und Syrien)
- Grund: wahrscheinlich eine Klimaveränderung

▶ 19 **7** Hören Sie und notieren Sie die Informationen, die nicht im Handout stehen bzw. im Vortrag modifiziert werden.

Wer? d menschl Spezies ....

Was? ....

Wann? ....

Wo? ....

Wie? ....

Warum? ....

▶ 20 **8** Hören Sie jetzt den nächsten längeren Ausschnitt aus dem Vortrag und notieren Sie Merkmale der Zeit vor und nach der *neolithischen Revolution* in der jeweiligen Spalte der Tabelle.

vorzivilisatorische Welt	zivilisatorische Welt
– friedliches Wesen	

▶ 21 **9** Hören Sie die zusammenfassende Betrachtung. Welche Aussage stimmt damit überein? Kreuzen Sie an.

- > Das zivilisatorische Leben widerspricht der eigentlichen Natur des Menschen. ○
- > Der Zivilisationsprozess könnte auch wieder rückgängig gemacht werden. ○
- > Die Menschen vor 10 000 Jahren konnten die Existenzangst besser bewältigen. ○
- > Heutige Zivilisationskrankheiten lassen sich direkt auf die neolithische Revolution zurückführen. ○

- Werden Ereignisse oder historische Prozesse referiert, kann man die Informationen oft nach den sogenannten **6-W-Fragen** ordnen: *Wer? Was? Wann? Wo? Wie? Warum?*
- Werden zwei Gegenstände miteinander verglichen, kann man auch, wie bei Gegenüberstellungen, bei der Mitschrift die Merkmale in einer Tabelle mit zwei Spalten notieren.

10 Hören Sie nun den letzten Baustein der Argumentation des Autors und notieren Sie die sprachlichen Mittel aus dem Infokasten, die Sie hören.

....

....

11 Hören Sie noch einmal und notieren Sie jetzt die Inhalte.

These: heute: 2. neolith Rev

Argumente:

    1. Folge:

    2. Folge

      Beispiele:

Folgerg:

....

12 Der Autor äußert viele Vermutungen. Hören Sie und notieren Sie, welche Ausdrücke jeweils zeigen, dass der Vortragende etwas vermutet.

a ....

b ....

c ....

13 Hören Sie in den folgenden Aussagen nur auf die Kernaussage und notieren Sie diese ohne den Einschub.

a Der Mensch wurde ....

b ... dass der Mensch ....

c Ressourcenmangel ....

....

14 Hören und notieren Sie für fünf zentrale Stellen aus dem Vortrag eine These.

1. Zufüg. Schmerzen ⇒ Aggr (←Schmerzabwehr)

2. ....

3. ....

4. ....

5. ....

15 Hören Sie die Zusammenfassung des Autors und ergänzen Sie ggf. Punkte in Aufgabe 14, die Sie dort noch nicht festgehalten haben.

ARGUMENTATIONSSTRUKTUREN ERKENNEN

Logische Argumentationen folgen oft festen Strukturen, die mit charakteristischen Redemitteln eingeleitet werden, z. B:
- **These:** *Ich vertrete die These, dass …; Meine These ist, dass …*
- **abwägende Argumentation:** *Auf der einen Seite …, auf der anderen Seite …; einerseits … andererseits; zum einen …, zum andern …*
- **Beispiele:** z. B. *beispielsweise, die Wortpaare sei es … , sei es; ob …, ob …*
- **Folgerung:** *Daraus lässt sich ableiten, dass …; Daraus folgt/ ergibt sich …; Also kann man sagen, dass …*

VERMUTUNGEN IDENTIFIZIEREN

Wird in einem Vortrag eher mit Vermutungen bzw. mit Indizien als mit Beweisen argumentiert, kann man das meist an der Wahl der Verben ablesen, z. B. *dafür sprechen, darauf hinweisen, darauf hindeuten* oder am Gebrauch des Konjunktivs.

KERNAUSSAGEN ERHÖREN

Erschließen Sie komplizierte Satzstrukturen, indem Sie „erhören", was die eigentlich neue Information ist, die sich auf das Thema am Satzanfang bezieht. Oft liegt auf dieser Information der Satzakzent.

Arbeitstechniken wiederholen

1 **Wie können Sie Materialien zum Vortrag nutzen, um sich auf den Wort-schatz des Vortrags vorzubereiten? Notieren Sie zwei Möglichkeiten.**

Infokästen Seite 28, 29

_–_

....

_–_

....

▶ 27 **2** **Hören Sie einen Ausschnitt aus dem Vortrag, in dem zwei indirekte Fragen vorkommen. Formulieren Sie diese in direkte um.**

Infokasten Seite 30

_–_

....

_–_

....

3 **Markieren Sie die positiv referierten Positionen im folgenden Text mit Grün, die negativ referierten mit Rot.**

Infokasten Seite 32

Die Idee, dass Erziehung prinzipiell für ein Kind ein Vorgang der Gewalt darstellt, der mit dem Brechen des Willens einhergeht, kann als widerlegt gelten. Vielmehr lässt sich inzwischen nachweisen, dass die Nervenzellen, die das moralische Kontrollzentrum darstellen, nur dann reifen, wenn Kinder Regeln lernen. Diese Erkenntnisse widersprechen dem Konzept der antiautoriären Erziehung und geben eher den Vertretern der *Kritischen Erziehungstheorie* Recht.

4 **Ergänzen Sie den passenden Ausdruck in der richtigen Form.**

Infokästen Seite 34, 37

sozusagen   sogenannt

> „Überall, wo die soziale Integration gefährdet ist oder gefährdet erscheint, entsteht als Reaktion – und

.... als soziales Regulativ – Aggression.“

> „Es scheinen globale Klimaveränderungen am Ende der letzten Eiszeit gewesen zu sein, auf die Menschen-gruppen reagieren mussten, die vor 10.000 Jahren im .... ,fruchtbaren Halbmond' wohnten, einem Landstrich zwischen Jordantal und oberem Zweistromland.“

5 **Worauf weisen Sie die folgenden Signalwörter hin? Ordnen Sie zu?**

Infokästen Seite 33, 34, 37, 39

> entscheidend, wichtig, überzeugend
> bezeichnet man als (...), man spricht von (...), wird (...) genannt
> dafür sprechen, darauf hinweisen, darauf hindeuten
> Tatsache, Beobachtung, Phänomen, Erkenntnis, Grund

Vermutungen
neuer Inhaltsaspekt
Fachausdruck
wichtiger Punkt

6 **Mithilfe von welchen Ordnungsprinzipien können Sie Ihr Hören und Mitschreiben strukturieren? Nennen Sie mindestens drei Beispiele.**

Infokästen Seite 31, 36, 37, 38, 39

....

....

....

Übungstext 2

Arm und Reich in Deutschland

Nutzen Sie Handouts und Folien zur Vorbereitung und Begleitung des Hörens, aber lassen Sie sich nicht von ihnen ablenken.

DAS LERNEN SIE

- Sich mit Grafiken vorbereiten
- Handouts einbeziehen
- Folien und Handout vergleichen
- Folien zum Antizipieren nutzen
- Gewichtungen verstehen
- Sich an Zahlen orientieren
- Die Funktion von Beispielen verstehen
- Ursache und Folge erkennen
- Hinweise auf wichtige Begriffe bemerken
- Hervohebungen registrieren

Einstieg

1   Welches der Bilder beschreibt Ihrer Meinung nach das Verhältnis von Arm und Reich in Deutschland besser? Welche Bildelemente passen, welche nicht? Überlegen Sie zu zweit und notieren Sie Ihre Begründung.

....

2   In welchen der folgenden Länder gibt es Ihrer Meinung nach geringe, in welchen große Einkommensunterschiede? Ordnen Sie die Länder in die Skala ein.

Deutschland   Bulgarien   USA   Großbritannien   Spanien   Irland   Rumänien   Schweden

gering   groß

3   Welche Auswirkungen auf die Gesellschaft könnte Armut von großen Teilen der Bevölkerung haben? Kreuzen Sie an und und ergänzen Sie möglichst eine eigene Idee. Begründen Sie Ihre Auswahl im Kurs.

> Verschlechterung des Gesundheitszustands   ○   > Auswirkungen auf den Wohnungsmarkt   ○
> Verringerung der Lebenserwartung   ○   > ....

Sich auf den Vortrag vorbereiten

1 Bei der Vorbereitung auf einen Vortrag von Prof. Michael Hartmann zum Thema *Arm und Reich* haben Sie eine Grafik gefunden. Sehen Sie sich kurz Titel und Illustration an und fassen Sie die Hauptaussagen in 2–3 Sätzen neben der Grafik zusammen. Verwenden Sie dabei noch keine Zahlen.

Die Mittelschicht schrumpft
Von je 100 Einwohnern zählen zu den/der

- Einkommensstarken
- Mittelschicht
- Armutsgefährdeten

2000	2005	2010
17,3	17,9	18,8
63,8	61,9	58,2
18,9	20,2	23,0

Quelle: DIW Berlin / SOEP

Die Grafik zeigt ....
....
....
....
....
....
....
....
....
....

SICH MIT GRAFIKEN VORBEREITEN

Wenn Sie sich schnell auf ein für Sie neues Thema vorbereiten möchten, können Grafiken helfen: Sie enthalten Informationen in gebündelter und anschaulicher Form und verwenden oft zentrale Fachbegriffe zu dem Thema. Grafiken finden Sie in Fachpublikationen oder z. B. hier:
- www.bpb.de
- www.destatis.de
- epp.eurostat.ec.europa.eu

Prüfen Sie die Quellen von Grafiken kritisch, besonders, wenn Sie sie über die Bildersuche einer Suchmaschine gefunden haben.

2 Der Titel der Grafik spricht von einem *Schrumpfen* der Mittelschicht. Welche anderen Verben und Nomen, die zahlenmäßige Entwicklungen beschreiben, kennen Sie noch? Ergänzen Sie die Übersicht.

schrumpfen	das Schrumpfen		der Zuwachs / das Wachsen
abnehmen		zunehmen	
	der Rückgang		der Anstieg / das Ansteigen
	das Fallen	anheben	
sinken	die Senkung		

3 Anteilswerte werden oft durch Bruchzahlwörter (*die Hälfte, zwei Drittel*) beschrieben, vor denen relativierende Adverbien stehen, z. B. *gut ein Fünftel*. Ordnen Sie die folgenden Adverbien in die Tabelle ein.

~~knapp~~   rund   über   gut   circa   annähernd   fast

um (die)   ungefähr   mehr als   nahezu   weniger als

<	knapp – ....
~	....
>	....

4 Beschreiben Sie nun die Grafik von Aufgabe 1 detaillierter. Erklären Sie die Veränderungen der drei Schichten genauer. Verwenden Sie dazu die Sprachmittel von Aufgabe 2 und 3.

....

....

....

....

....

....

....

....

5 Kombinieren Sie die folgenden Nomen mit „Sozial-" oder „sozial" und ordnen Sie zu.

Marktwirtschaft   Ausgleich   Gerechtigkeit   Brennpunkt   Kluft   Gesetzgebung   ~~Staat~~

> ein Staat, dessen Ziel soziale Gerechtigkeit und soziale Sicherheit ist   Sozial*staat* ....

> Maßnahmen, um soziale Unterschiede nicht zu groß werden zu lassen   sozialer ....

> ein wirtschafts- und gesellschaftspolitisches System, das versucht,

> Wettbewerb und sozialen Ausgleich miteinander zu verbinden   soziale ....

> ein rechtliches System zur Unterstützung sozial schwächerer Gruppen,

> z. B. kranker, arbeitsloser, älterer, pflegebedürftiger Menschen   Sozial ....

> große Unterschiede zwischen Gesellschaftsgruppen   soziale ....

> ein Stadtteil, in dem es soziale Probleme und Konflikte gibt   sozialer ....

> der ideale Zustand einer Gesellschaft, in der Rechte, Chancen

> und Ressourcen fair verteilt sind   soziale ....

6 Was ist Ihre Meinung zum Thema *soziale Gerechtigkeit*? Kreuzen Sie die Sätze an, denen Sie zustimmen.

a   Man sollte von seinem Lohn leben können.   ◯

b   Wer mehr leistet, sollte mehr verdienen.   ◯

c   Arbeit sollte nur nach der Arbeitszeit bezahlt werden, nicht nach der Qualifikation.   ◯

d   Der Staat sollte verhindern, dass die Einkommensunterschiede zu groß werden.   ◯

e   Der Staat sollte Vermögen besteuern.   ◯

f   Alle Bürger sollten die gleichen Bildungschancen haben.   ◯

g   Bei politischen Entscheidungen sollten alle Generationen gleich behandelt werden.   ◯

h   Es sollte eine obere Grenze für Einkommen geben, die von niemandem überschritten werden darf.   ◯

i   Unabhängig von der Arbeit sollte es ein Grundeinkommen geben, das für alle gleich ist.   ◯

7 Vergleichen Sie Ihre Antworten mit Ihrer Partnerin / Ihrem Partner und diskutieren Sie die Punkte, bei denen Sie nicht übereinstimmen. Legen Sie am Schluss eine Kursstatistik zu Ihren Meinungen an.

Arm und Reich in Deutschland – Chronik eines Skandals

Prof. Dr. Michael Hartmann (Technische Universität Darmstadt)

Juniorakademie am Gymnasium Achern, 14. März 2012

1. Deutschland: weniger gerecht im internationalen Vergleich als früher

Deutschland ist kein Land des sozialen Ausgleichs mehr. Es gibt eine rasche Auseinanderentwicklung der hohen und niedrigen Einkommen, d. h. wachsende soziale Unterschiede. In internationalen Vergleichsstudien (EU, OECD) hat Deutschland daher seinen Platz zwischen 2000 und 2010 deutlich verändert.

2. Schrumpfen der Mittelschicht

Verschwinden von 5,6 % der Bevölkerung aus den mittleren Einkommenslagen binnen nur 10 Jahren: zum größten Teil in die unteren Einkommensschichten, zu einem kleinen Teil auch in die oberen Einkommensschichten.

3. Konsequenzen wachsender Unterschiede

Die Folgen der wachsenden Armut sind vielfältig: Armut führt u.a. zu schlechterer Gesundheit.

4. Ursache: Entscheidungen der Politik

Die Ursachen sowohl für die Zunahme bei der oberen als auch der unteren Einkommensgruppe sind verschiedene politische Entscheidungen der Jahre 2000 bis 2010: Den Reichen nutzte z. B. die fast völlige Abschaffung der Erbschaftssteuer, die Armut wuchs durch die sog. Hartz-Reformen.

5. Drohende Konsequenzen

Diese Entwicklung kann zu einer Spaltung der Gesellschaft bis hin zu sozialen Unruhen führen.

Literatur

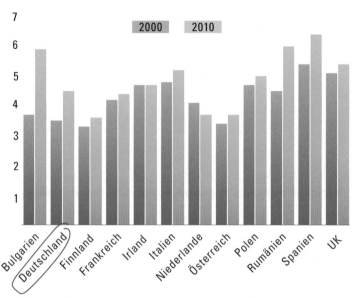

Abb 1: Verhältnis (Quotient) des Gesamteinkommens der oberen 20 % der Bevölkerung zu dem der unteren 20 % (in ausgewählten Ländern Europas)

Quelle: eurostat

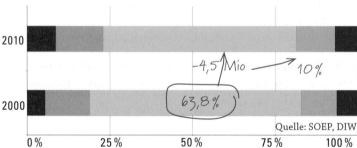

Quelle: SOEP, DIW

Abb 2: Einteilung der Einkommensbezieher nach dem mittleren Jahreseinkommen
- Einkommensschwache Schichten:
  - ◼ <50 % des Durchschnittseinkommens
  - ◼ 50 % bis <70 % des Durchschnittseinkommens
- Mittelschicht:
  - ◼ 70 % bis <130 % des Durchschnittseinkommens
- Wohlhabende:
  - ◼ 130 % bis <200 % des Durchschnittseinkommens
  - ◼ >200 % des Durchschnittseinkommens

GOEBEL, Jan; GORNIG, Martin; HÄUSSERMANN, Hartmut: Polarisierung der Einkommen. Die Mittelschicht verliert. In: *DIW-Wochenbericht 24* (2010), S. 2–8.

Mit Handouts arbeiten

1 Vor Beginn des Vortrags erhalten Sie das Handout von Seite 44. Lesen Sie es, markieren Sie die Schlüsselwörter in jedem Textabschnitt und klären Sie ggf. deren Bedeutung.

HANDOUTS EINBEZIEHEN

Arbeiten Sie, wenn möglich, schon vor Beginn eines Vortrags mit dem Handout, um einen Überblick über die Struktur und die Hauptaussagen des Vortrags zu gewinnen. Tragen Sie Verbindungslinien ein, um Verknüpfungen zu visualisieren. Die zentralen Begriffe jedes Abschnitts markieren Sie, z. B. mit Unterstreichungen. Während des Vortrags hilft Ihnen dann Ihr bearbeitetes Handout, sich zu orientieren, wenn Sie z. B. den Anschluss an das Gesagte verloren haben.

2 Lesen Sie das Handout noch einmal und analysieren Sie seine Struktur.

a Ziehen Sie Linien zwischen den Textabschnitten und den Grafiken, die sich aufeinander beziehen.

b Verbinden Sie dann die einzelnen Textabschnitte mit Pfeilen, sodass die Argumentationsstruktur auch über die Abschnitte hinweg sichtbar wird.

1–5 3 Sie hören Ausschnitte aus dem Vortrag. Nutzen Sie das Handout, um sich im Vortrag zu orientieren, und ordnen Sie den Ausschnitten die fünf Textabschnitte aus dem Handout zu.

Ausschnitt 1 ☐ 4   Ausschnitt 3 ☐   Ausschnitt 5 ☐
Ausschnitt 2 ☐   Ausschnitt 4 ☐

▶6 4 Hören Sie nun den Beginn des Vortrags. Welche der Aussagen entsprechen den Worten des Autors? Kreuzen Sie an.

> Die Einkommensunterschiede in Deutschland waren früher relativ gering. ○
> Von 2000 bis 2010 haben sich in ganz Europa die Einkommen auseinanderentwickelt. ○
> Die Vergrößerung der Einkommensunterschiede in Deutschland verlief im internationalen Vergleich sehr schnell. ○

▶6 5 Hören Sie noch einmal. Kreisen Sie auf Abbildung 1 auf dem Handout die Länder ein, die der Autor erwähnt, und ordnen Sie die Länder in die folgenden Kategorien ein.

schon länger große Einkommensunterschiede:

Vergrößerung der Einkommensunterschiede:

6 Markieren Sie in Ihrer Skala auf Seite 41, Aufgabe 2 die Unterschiede zu den Ergebnissen aus Aufgabe 5.

▶7 7 Hören Sie den nächsten Ausschnitt und kreisen Sie auf dem Handout in Abbildung 2 und der dazugehörigen Legende ein, was der Autor hervorhebt. Ergänzen Sie auch die Zahlenwerte, die genannt werden.

▶8 8 Hören Sie weiter und tragen Sie neue Zahlenwerte an passender Stelle in Abbildung 2 ein.

9 Welche Gruppe meint der Autor? Ergänzen Sie die Farbe der Gruppe in Abbildung 2.

„... [bei der Gruppe] mit maximal der Hälfte des Durchschnittseinkommens."

Die _____ Gruppe verfügt über maximal die Hälfte des Durchschnittseinkommens.

Entwicklung der Einkommensschichtung in Deutschland

Schrumpfen der Mittelschicht um …

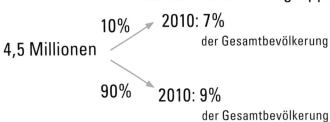

oberste Einkommensgruppe

4,5 Millionen

10% → 2010: 7%
der Gesamtbevölkerung

90% → 2010: 9%
der Gesamtbevölkerung

unterste Einkommensgruppe

B

Konsequenzen dieser Entwicklung

- untere Einkommensgruppen
  > Einkommensverluste 13%–23%

- Folgen:
  > Gesundheit/Lebenserwartung
  > Bildungs-/Berufschancen
  > Wohnungsmarkt

C

Ursachen der Entwicklung bei den unteren Einkommensschichten

- Umbau des deutschen Sozialstaats durch Hartz-Reformen (2003–2006)
  > Minijobs
  > befristete Arbeitsverhältnisse
- Globalisierung
  > nicht ursächlich für Veränderung der Mittelschicht in Deutschland

Hartz-Reform:

Informationen der Begleitfolien nutzen

FOLIEN UND HANDOUT VERGLEICHEN

1 Sehen Sie Folie A an und vergleichen Sie sie mit dem Handout auf Seite 44. Zu welchem Abschnitt und zu welcher Abbildung passt diese Folie? Notieren Sie.

Abschnitt .... *Abbildung* ....

Vergleichen Sie die Folien mit den passenden Passagen auf dem Handout und benutzen Sie beides als Ausgangspunkt für Ihre Notizen. Achten Sie darauf, wo die/der Vortragende zusätzliche Informationen gibt.

2 Notieren Sie auf dem Handout die Informationen von der Folie, die neu sind.

▶ 8 **3** Hören Sie den dazugehörigen Ausschnitt noch einmal und schreiben Sie die Passage mithilfe der Folie und des Handouts im Detail mit.

10 Jahre: mittl Einkommgrppn: −4,5 Mio ....

....

....

....

▶ 9 **4** Der Autor spricht jetzt über die Folgen der Entwicklung. Achten Sie auf das Signal *nicht nur … sondern*. Notieren Sie die beiden Aspekte, auf die es sich bezieht. Notieren Sie auch, welche Prognose der Autor gibt.

1. binnen 10 J: etwas mehr Reiche + ...

2. ....

→ in 10 Jahren: ....

FOLIEN ZUM ANTIZIPIEREN NUTZEN

Manche Folien geben einen Überblick über die folgenden Punkte des Vortrags. Nutzen Sie solche Folien, indem Sie überlegen, wie Sie diese Punkte konkretisieren könnten: Was wissen Sie schon dazu? Welche Beispiele aus Ihrer eigenen Erfahrungswelt können Sie ggf. dazu beitragen?

5 Lesen Sie Folie B und notieren Sie daneben eigene Beispiele für Auswirkungen der Abwanderung von gut 4 Millionen in die untere Einkommensgruppe. Benutzen Sie dafür den Platz neben Folie B.

▶ 10 **6** Der Autor gibt für jede auf Folie B genannte Konsequenz ein Beispiel. Hören Sie und vergleichen Sie mit Ihren eigenen Beispielen. Sofern Sie verschieden sind, notieren Sie neue Beispiele auf einem gesonderten Blatt Papier.

GEWICHTUNGEN VERSTEHEN

Achten Sie bei Begründungen darauf, wie einzelne Gründe gewichtet werden. Sie können hervorgehoben ← (*Der Hauptgrund / Die wesentliche Ursache / Das Spezifische ist*), abgeschwächt (←) (*spielt eine Rolle*) oder zurückgewiesen werden ⇥ (*man bekommt als Erklärung, spielt keine Rolle, ist nicht relevant / zu suchen*).

7 Sehen Sie Folie C an. Informieren Sie sich kurz im Internet über die sogenannten Hartz-Reformen und notieren Sie die wesentlichen Informationen neben Folie C.

▶ 11 **8** Hören Sie den nächsten Ausschnitt und notieren Sie ← für *Grund*, (←) für *nebensächlicher Grund* oder ⇥ für *kein Grund*.

Verarmg .... *Hartz-Reformen* ....

Verarmg .... *Globalis* ....

D

Ursachen der Entwicklung bei den oberen Einkommensschichten

- Senkung Spitzensteuersatz
- steuerfreier Verkauf von Firmen-beteiligungen
- statt Zins-/Dividendensteuer mit persön-lichem Spitzensteuersatz: Quellensteuer
- starke Senkung bzw. Abschaffung der Erbschaftssteuer

53% ——> 42%

E

Bildung kostet Geld

- Infrastruktur bei Schulen
- Relation Lehrer – Schüler
- Relation Hochschullehrer – Studierende
- Finanzierung durch Erbschaftssteuer

F

Annäherung Deutschlands an Amerika

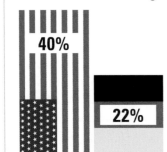

Panel-Untersuchung

40%

22%

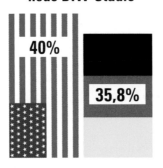

neue DIW-Studie

40%

35,8%

Die Zahlen beziehen sich auf

Früher

Jetzt

In Zukunft

Zahlen berücksichtigen und Beispiele nutzen

SICH AN ZAHLEN
ORIENTIEREN

1   Sehen Sie Folie D an und klären Sie unbekannte Begriffe.

Achten Sie darauf, mit welchen
Informationen Zahlen verknüpft
sind. Diese Informationen sind
meist sehr wichtig. Das gilt
besonders für Zahlenreihen (z. B.
bei der Schilderung historischer
Ereignisse) oder für die Gegenüberstellung von Zahlen.

▶ 12   **2   Hören Sie den dazugehörigen Ausschnitt und bearbeiten Sie die Aufgaben.**

a   Notieren Sie die Zahlenwerte, die der Autor zu den einzelnen Punkten
    nennt, neben der Folie.

b   Notieren Sie beim zweiten Hören die Inhalte, die zu den Zahlenwerten
    passen. Sie können sich dabei an den Stichworten der Folie orientieren.

**3   Sehen Sie Folie E an. Welcher Zusammenhang könnte zwischen Folie D und E bestehen?
     Überlegen Sie und notieren Sie Ihre Gedanken in einem Satz.**

....

....

▶ 13   **4   Hören Sie zunächst den ersten Teil des Ausschnitts zu Folie E. Welche
     drei Gründe für die Verwendung der Erbschaftssteuer zur Finanzierung
     der Bildung gibt der Autor an? Notieren Sie.**

DIE FUNKTION VON
BEISPIELEN VERSTEHEN

1. ....

2. ....

3. ....

Beispiele dienen in Vorträgen oft
• zur Verdeutlichung abstrakter
  Vorgänge oder Gegebenheiten
  oder
• zur Belegung von Thesen, die
  zuvor aufgestellt wurden oder
  die aus dem Beispiel abgeleitet
  werden.
Mithilfe der Beispiele können Sie
Ihr Verständnis überprüfen.

▶ 14   **5   Hören Sie nun ein persönliches Beispiel aus der Familie des Autors zu
     einem Punkt, den Sie in Aufgabe 3 notiert haben. Beantworten Sie die
     Fragen dazu.**

a   Welche Funktion hat das Beispiel?

....

b   Ergänzen Sie das Diagramm, das den Bezug des Beispiels zur Schlussfolgerung wiedergibt.
    Schreiben Sie vollständige Sätze.

Erbschaft

aber ┤   Er selbst ....

     └   ....

                          ↓

     ....

15   **6   In welcher Beziehung stehen die Zahlenwerte auf Folie F? Hören Sie den dazugehörigen Ausschnitt
     und machen Sie Notizen neben der Folie.**

Drohende Konsequenzen 1

- Soziale Unruhen London/Liverpool 2011
  - > Gettobildung
  - > Perspektivlosigkeit
- Deutschland
  - > zunehmende Kluft zwischen
    Arm und Reich seit 2000
  - > Zukunft: ???

Drohende Konsequenzen 2

- Beispiel Kalifornien
  - > Verhältnis der Kosten für Gefängnisse
    und Universitäten
- Beispiel USA
  - > Anstieg der Kosten für Gefängnisse
  - > Anstieg der Kosten für Bildung
  - > jährliche Kosten für Gefängnisse

Die Argumentation des Vortrags

ca. ½ Mio → ob Einkomgrppe

Mittelschicht

4 Mio

unt Einkomgrppe

Folgen

Ursachen:

- ....
- ....
- ....
- ....

- ....
- ....
- ....
- ....

Folgen für
die Zukunft

....

7 Orientierung: Sehen Sie noch einmal das Handout auf Seite 44 an. Markieren Sie die Stelle des Vortrags, an der wir uns befinden, im Handout mit einem Kreuz und lesen Sie die dortigen Informationen zum nächsten Teil.

8 Sie informieren sich kurz über die Unruhen, die auf Folie G angesprochen werden. Lesen Sie dazu den Text rechts. Welche Beziehung zwischen den Ursachen der Unruhen in Großbritannien und der dargestellten Entwicklung in Deutschland könnte es geben? Notieren Sie in Stichworten.

....

....

....

....

....

Unruhen in England 2011

Die Unruhen nahmen ihren Ausgang im Londoner Stadtteil Tottenham, einem sozialen Brennpunkt. Das Viertel gehört zu den ärmsten in Großbritannien. Die Ursache der Unruhen war nach Ansicht von Soziologen die Unzufriedenheit von Leuten ohne Job und Perspektive, die sich zunehmend von der Gesellschaft ausgeschlossen fühlen.
Im Laufe der Unruhen kam es

16 **9** Hören Sie den dazugehörigen Ausschnitt und notieren Sie, welche zwei Unterschiede der Autor zwischen der Situation in Großbritannien und der in Deutschland sieht.

1. .... 2. ....

10 Im passenden Abschnitt auf dem Handout von Seite 44 leitet der Autor seine Erklärung mit „Diese Entwicklung ..." ein. Notieren Sie, welche Entwicklung damit gemeint ist.

....

5. Drohende Konsequenzen

Diese Entwicklung kann zu einer Spaltung der Gesellschaft bis hin zu sozialen Unruhen führen.

17 **11** Hören Sie das Ende des Vortrags. Welche Zahlen sind mit den Stichworten auf Folie H verbunden? Ergänzen Sie die Mitschrift.

– Verh Kost Gefängn : Unis (Kalif) ....

– Anst Kost Gefängn (USA) ....

– Anst Kost Bildg (USA) ....

– Kost f Gefäng/pro Jhr (USA) ....

17 **12** Hören Sie noch einmal. Welche der Aussagen entsprechen dem Inhalt des Vortrags? Kreuzen Sie an.

> Der beste Schutz vor Kriminalität ist Bildung. ◯
> Es ist nicht einfach, für Gefängnisse Geld zu bekommen. ◯
> Fachleute in Großbritannien und den USA haben diese Entwicklung vorausgesagt. ◯
> Wenn die Unruhen innerhalb von sozialen Brennpunkten bleiben, ist das kein großes Problem. ◯
> In Deutschland ist eine ähnliche Entwicklung wie in den USA wahrscheinlich. ◯

13 Rekonstruieren Sie aufgrund Ihrer bisherigen Notizen, des Handouts und der Folien stichwortartig die Argumentation des Vortrags. Verwenden Sie dafür den Platz unter Folie H. Folgende Stichwörter helfen Ihnen:

Mittelschicht   Perspektivlosigkeit   politische Entscheidungen   soziale Unruhen

Details verstehen, Wortschatz erweitern

▶ 18–21 **1** Hören Sie einige Aussagen des Vortrags noch einmal und notieren Sie die Verben, die das Verhältnis von Ursache und Folge kennzeichnen. Notieren Sie auch die jeweilige Ursache und Folge in Stichwörtern.

> schlägt sich nieder: materielle Entwicklg. —> Entwicklg. des
> Gesundheitszustands
>
> ....
>
> ....
> ....
>
> ....
> ....

▶ 22, 23 **2** Hören Sie zwei Ausschnitte. Notieren Sie, wie der Autor die Wichtigkeit der Begriffe *Hartz-Reformen* und *Hartz IV* hervorhebt, und die Erklärungen, die dann zu diesen Begriffen folgen.

> Hartz-Reformen ....
>
> ....
>
> Hartz IV ....
>
> ....

▶ 24–27 **3** Der Autor betont oft, dass er außergewöhnliche Entwicklungen schildert. Ergänzen Sie die Lücken mit den Adjektiven und Adverbien in der korrekten Form. Hören Sie dann den Track und vergleichen Sie Ihr Ergebnis.

bemerkenswert   drastisch   massiv   deutlich

> bemerkenswerte .... Veränderungen geben
>
> die Armen sind .... ärmer geworden
>
> .... Veränderungen erleben
>
> ein ganz .... Problem werden

4 Ordnen Sie die Wörter in die passende Zeile der Tabelle ein.

Langzeitarbeitslose   Wohlhabende   Spitzensteuersatz   Freibetrag

hohe Lebenserwartung   Erbschaftssteuer   Vermögen   sozialer Brennpunkt   Perspektivlosigkeit

arm	....
reich	Wohlhabende ....

Gesamtverständnis überprüfen

1 Ordnen Sie diese Folien in der Reihenfolge der Argumentation des Vortrags.

☐

Mögliche Folgen für die Zukunft

- Soziale Unruhen, ausgehend von sozialen Brennpunkten
- Anstieg der Kriminalität
- Hohe Ausgaben für die Bekämpfung der Kriminalität zuungunsten der Bildung

☐

Erschwerungen für die unteren Einkommensgruppen

- Veränderung der Sozialgesetzgebung
  - > Hartz-Reformen
  - > Einführung von Minijobs
  - > fast unbegrenzte Verlängerung von befristeten Arbeitsverhältnissen

☐

Einkommensunterschiede im Vergleich zu anderen europäischen Ländern

- Bis in die 90er-Jahre
  - > geringe Einkommensunterschiede
  - > nahe skandinavische Länder
- Veränderung im Zeitraum 10 Jahre
  - > große Einkommensunterschiede
  - > nahe Bulgarien und Rumänien

☐

Auswirkungen der Zunahme der unteren Einkommensgruppen

- Schlechterer Gesundheitszustand
- Geringere Bildungschancen
- Niedrigere Lebenserwartung
- Schlechtere Chancen bei Berufskarriere

☐

Veränderung der Mittelschicht

- Abwanderung der mittleren Einkommensschichten in die
  - > oberen Einkommensschichten (ca. ½ Mio)
  - > unteren Einkommensschichten (ca. 4 Mio)
- = Schrumpfung der Mittelschicht um ca. 5,5 Prozent

☐

Erleichterungen für Reiche

- Senkung des Spitzensteuersatzes
- Steuerfreier Verkauf von Firmenanteilen
- Umstellung auf Quellensteuer
- Senkung der Erbschaftssteuer

2 Welche dieser Charakterisierungen bezieht der Autor in seinem Vortrag auf Deutschland? Kreuzen Sie an.

- > rasch wachsende Kluft zwischen Arm und Reich ○
- > Unterschiede beim Gesundheitszustand ○
- > Synonym für soziale Ungerechtigkeit ○
- > etwas mehr Reiche und deutlich mehr Arme ○
- > massenhafte wirkliche Armut ○

- > Gettobildung ○
- > zahnlose Erbschaftssteuer ○
- > Opfer der Globalisierung ○
- > höhere Lebenserwartung für Reiche ○
- > langanhaltende Perspektivlosigkeit ○

3 Sehen Sie noch einmal die Bilder auf Seite 41 an. Begründen Sie, welches Bild dem Sinn des Vortrags entspricht.

Dem Sinn des Vortrags entspricht Bild ..., denn ....

....

1 **Wie können Sie mit einem Handout arbeiten, um sich auf das Hören eines Vortrags vorzubereiten? Notieren Sie drei Arbeitstechniken.**

Infokasten Seite 45

1. ....
2. ....
3. ....

2 **Wie sollten Sie Folien nutzen, die den Vortrag begleiten? Kreuzen Sie an.**

Infokasten Seite 47

> Ich versuche, die Informationen der Folien mit meinem Vorwissen zu verknüpfen. ◯
> Ich versuche, möglichst viel mitzulesen. ◯
> Ich versuche, Bezüge zu meinen Erfahrungen herzustellen. ◯

3 **Wie gewichten die folgenden Formulierungen einen Grund? Notieren Sie ← für *Grund*, (←) für *nebensächlicher Grund* und ↔ für *kein Grund*.**

Infokasten Seite 47

> Die wesentliche Ursache ist … ....
> Man bekommt als Erklärung … ....

> … ist nicht relevant. ....
> … spielt eine Rolle. ....

▶ 28 **4** **Hören Sie einen Ausschnitt aus dem Vortrag und notieren Sie mindestens zwei Adverbien, die der Autor benutzt, um eine außergewöhnliche Entwicklung zu beschreiben.**

Infokasten Seite 52

....

▶ 28 **5** **Hören Sie den Ausschnitt noch einmal und notieren Sie mindestens drei Zahlen (links) und die damit verknüpften Informationen (rechts).**

Infokasten Seite 49

....

....

....

▶ 29 **6** **Welche Funktion hat das Beispiel in diesem Ausschnitt des Vortrags?**

Infokasten Seite 49

....

7 **Beschreiben Sie einen Ursache-Folge-Zusammenhang, den der Autor schildert, mit eigenen Worten. Verwenden Sie dabei Verben.**

Infokasten Seite 52

....

8 **Worauf kann die Formulierung *Was man als … kennt* hindeuten? Notieren Sie.**

Infokasten Seite 52

Das Gedächtnis der Gene

Mit einer gelungenen Mitschrift können Sie den Inhalt eines Vortrags auch Wochen später noch rekapitulieren.

DAS LERNEN SIE

- Einsprachige Wörterbücher benutzen
- Bildwörterbücher benutzen
- Fremdwörterbücher benutzen
- Publikationen der Vortragenden heranziehen
- Fragen entwickeln
- Von Bekanntem ausgehend verstehen
- Wichtiges festhalten
- Verweise zuordnen
- Redundanzen nutzen
- Systematisch mitschreiben
- Fragen stellen
- Zitate erkennen
- Notizen überarbeiten
- Konditionale Verhältnisse notieren
- Wechselseitige Abhängigkeiten notieren

Einstieg

1 Was haben die Bilder wohl miteinander zu tun? Überlegen Sie zu zweit und notieren Sie Ihre Ideen.

....

....

2 Ergänzen Sie die Sätze möglichst sinnvoll.

Die Raupe wird zum Schmetterling, weil ....

Die Gene von Raupe und Schmetterling sind ....

3 Welche Aussagen sind Ihrer Meinung nach korrekt? Kreuzen Sie an und sprechen Sie im Kurs darüber.

> Wenn man Kinder oft zu warm anzieht, schwitzen sie als Erwachsene viel. ○
> Unser Lebensstil und die Umwelt können unsere Gene positiv beeinflussen. ○
> Zellen können durch die Umwelt bedingte Zustände dauerhaft speichern. ○
> Eineiige Zwillinge entwickeln sich auch in unterschiedlichen Umgebungen gleich. ○

Über unsere Gene und unsere Gesundheit nachdenken

1 **Welche der folgenden Krankheiten kann man als „Zivilisationskrankheiten" bezeichnen? Schlagen Sie gegebenenfalls die Bedeutung der Krankheiten in einem Wörterbuch nach und kreuzen Sie an.**

Allergien ◯   übermäßige Schweißproduktion ◯   Diabetes ◯   Krebs ◯

Herz-Kreislauf-Erkrankungen ◯   Depressionen ◯   AIDS ◯   Übergewicht ◯

2 **Wann sollte Ihrer Meinung nach die Vorsorge gegen Zivilisationskrankheiten beginnen? Markieren Sie.**

bei den Großeltern		vor der Geburt (pränatal)		im Babyalter
	bei den Eltern		um die Geburt (perinatal)	im Kleinkindalter

3 **Lesen Sie die folgenden Aussagen zum Thema *Gene und Gesundheit* und notieren Sie Ihre Meinung dazu. Diskutieren Sie dann in Kleingruppen über das Thema.**

A   Unsere Gene haben eine große Macht über uns. Was unsere Eltern uns weitergegeben haben, prägt unser ganzes Leben.

Ich glaube, das stimmt (nicht) Ich z.B. ....

....

....

B   Irgendwann können wir alle Zivilisationskrankheiten besiegen. Dadurch, dass wir den menschlichen Gencode entschlüsselt haben, haben wir das Leben im Griff. Es ist nur noch eine Frage der Zeit.

....

....

....

....

....

C   Viel wichtiger als unsere Gene ist unsere Lebensführung. Wenn wir uns bewusst ernähren, bleiben wir gesund. Und natürlich müssen wir auch bei unseren Kindern auf einen gesunden Lebensstil achten.

....

....

....

....

....

4 Was wissen Sie schon über das Thema *Gene und Gesundheit*? Kreuzen Sie die Sätze an, die Ihrer Meinung nach zutreffen.

> Die menschliche DNA ist 3,3 Milliarden Basen lang. ○
> Die Entschlüsselung des menschlichen Gencodes ist abgeschlossen. ○
> Zellen geben bei der Zellteilung nur ihre Gene als Information weiter, nichts anderes. ○
> Fettsucht kann durch ein Gen vererbt werden. ○
> Wer als Kind zu wenig Liebe erfährt, ist später anfällig für psychische Erkrankungen. ○
> Schwangere sollten nicht zu viel zunehmen, sonst hat das Kind ein erhöhtes Diabetesrisiko. ○
> Informationen über die Lebensweise der Eltern werden an die Kinder weitervererbt. ○

in der Pubertät   im Erwachsenenalter

            unmittelbar nach der Pubertät   vor dem Alter

5 Lesen Sie zur Vorbereitung eines Vortrags über Epigenetik den folgenden Text und beantworten Sie die Frage.

Lebenstil und Gene

Wie wir mit unserem Lebensstil unsere Gene steuern können

Unser Lebensstil hat nicht nur unmittelbaren Einfluss auf unsere aktuelle Gesundheit, sondern kann auch die Aktivität unserer Gene und somit auch unsere Fitness im Alter und sogar die Gesundheit unserer Nachkommen
5 beeinflussen. So fanden Forscher heraus, dass die Bewohner Okinawas (Japan) möglicherweise deshalb so alt werden, weil sie statt großer Mahlzeiten viele kleine Essensportionen zu sich nehmen, sich viel bewegen und einen niedrigen *body mass index* (BMI) haben. Besonders schädlich für die Genaktivität ist hingegen offenbar Stress. Auch bestimmte Nahrungsmittel, wie zum Beispiel Sojabohnen, grüner Tee, Rotwein können ...

Was können Sie für Ihre Gesundheit und die Ihrer Kinder tun?

Ich sollte

Fachwörter der Genetik verstehen

1 Lesen Sie die Erklärungen aus den Wörterbüchern und zeigen Sie durch Markierungen und Linien,
wie die Informationen miteinander verknüpft sind.

Desoxyribonukleinsäure
‹**f.**; -, -n› Abkz DNS od. DNA;
Hauptbestandteil der Chromoso-
men und als Träger der Erbinfor-
mation die stoffliche Substanz
der Gene

Gen ‹**n.**; -s, -e› Abschnitt auf
der DNA, der die Ausbildung
eines bestimmten Merkmals der
körperlichen o. geistigen
Erscheinung von Organismen
bestimmt; besteht aus Proteinen

Enzym ‹**n.**; -s, -e› Proteinver-
bindung (Eiweißverbindung) in
der lebenden Zelle, die eine
bestimmte biochemische Reaktion steuert oder in Gang setzt

Histon ‹**n.**; -s, -e› Eiweiß-
körper in den Zellkernen von
Organismen, um die die DNA
gewickelt ist

2 Zur Vorbereitung auf den Vortrag zur Epigenetik haben Sie sich in einem Fachbuch informiert und die
folgende Grafik gefunden. Ergänzen Sie den Text mithilfe der Erklärungen in Aufgabe 1 und der Grafik.

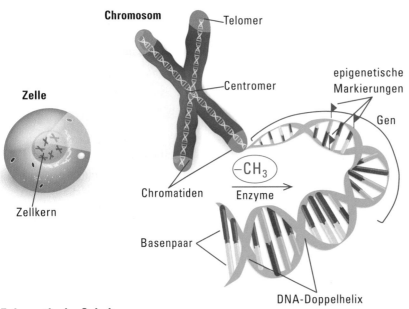

Epigenetische Schalter

Epigenetische Schalter beeinflussen die Aktivität oder Inaktivität von Genen. Die zwei wichtigsten Schalter sind:

1. **DNA-Methylierung**: .... lagern Methylgruppen (CH_3-Gruppen) an einzelne Stellen der DNA an.

An der Stelle der Anlagerung der Methylgruppe wird das betroffene .... stumm geschaltet.

2. **Histon-Code**: In jeder Zelle gibt es circa zwei Meter DNA-Faden. .... sind Eiweißkügelchen, um die

die .... in den Zellkernen gewickelt ist. Je nach Festigkeit der Wickelung bewirkt dies

eine Stummschaltung oder Aktivierung von ....

3 Informieren Sie sich im Internet über die vier Wissenschaftler und ordnen Sie die Aussagen der passenden Person zu.

a Craig Venter 1, ...

c Michael Meaney ....

b Francis Collins ....

d Rudolf Jaenisch ....

1 gründete eine Firma die, privat finanziert, das menschliche Genom entschlüsselte. Die Firma konkurrierte mit dem internationalen Forschungsprojekt *Humangenomprojekt*.

2 ist ein US-amerikanischer Biochemiker.

3 ist ein US-amerikanischer Genetiker. Er forscht u. a. zu Erbkrankheiten.

4 leitete das Humangenomprojekt, ein mit öffentlichen Mitteln finanziertes internationales Forschungsprojekt zur Sequenzierung des menschlichen Erbguts.

5 ist ein deutscher Molekularbiologe und Genetiker.

6 fand heraus, dass Ratten, die nach ihrer Geburt extremen Stress erleben, ihr Leben lang besonders stressanfällig sind. Sie verlieren Andockstellen für Stresshormone in ihrem Gehirn. Zusammen mit seinem Kollegen Moshe Szyf konnte er für Menschen mit frühkindlichen Traumata Ähnliches nachweisen.

7 ist US-Experte für biologische Psychiatrie, Neurologie und Neurochirurgie.

8 beschäftigt sich mit dem An- und Ausschalten von Genen. Er sagt: „Epigenetik ist der Mechanismus der Evolution, wie sich das Erbgut mit der Umwelt unterhält."

4 Schlagen Sie die Bedeutung der folgenden Präfixe von Fachwörtern in einem Fremdwörterbuch nach und notieren Sie ihre Bedeutung.

epi = ...

histo = ...

bio = ...

en = ...

psycho = ...

peri = ...

prä = ...

anti = ...

> **FREMDWÖRTERBÜCHER BENUTZEN**
>
> Viele Bestandteile von Fachwörtern kommen aus dem Griechischen oder Lateinischen. Wenn Sie diese Wörter oder Wortbestandteile nicht aus Ihrer Sprache kennen, sollten Sie sich deren Bedeutung mithilfe eines Fremdwörterbuchs aneignen. So legen Sie sich einen Baukasten an, mit dessen Hilfe Sie auch unbekannte Fachwörter oft auf Anhieb verstehen können.

5 Lesen Sie die Definitionen und notieren Sie die passenden Begriffe. Die Silben helfen Ihnen dabei. Die passenden Präfixe müssen Sie selbst finden.

~~che~~   logie   ~~mie~~   na   pie   tal   thera   tion   ven

> Die Wissenschaft von chemischen Vorgängen in Organismen: Biochemie ....

> Die Wissenschaft von den Gewebetypen des menschlichen Körpers: ....

> Behandlung von Leiden des Geistes: ....

> Den Zeitpunkt um die Geburt herum betreffend: ....

> Vorbeugung einer Krankheit oder eines Verbrechens: ....

1 Sie möchten den Vortrag *Der zweite Code* des Wissenschaftsjournalisten Peter Spork hören. Sie entdecken ein Buch des Autors mit dem gleichen Titel. Sehen Sie Cover und Inhaltsverzeichnis an. Kreuzen Sie an, was der Titel bedeuten könnte.

INHALT

1. Warum Gene Schalter brauchen
2. Warum wir Macht über unser Erbgut haben
3. Was den Charakter stark macht
4. Vorsorge beginnt im Mutterleib
5. Rezepte für ein hohes Alter
6. Wir vererben nicht nur unsere Gene
7. Biomedizin auf dem Weg ins 21. Jahrhundert
8. Schlusswort

PUBLIKATIONEN DER VOR-TRAGENDEN HERANZIEHEN

Sie können sich auf einen Vortrag auch vorbereiten, indem Sie sich damit beschäftigen, was die/der Vortragende schon zu dem Thema geschrieben hat. Dazu müssen Sie nicht unbedingt Aufsätze oder Bücher lesen. Oft hilft schon, sich einen Überblick über die Texte zu verschaffen.

> Durch Gentechnik lässt sich der genetische Code eines Menschen in einen zweiten, besseren verändern. ○
> In Zukunft wird es möglich sein, Kopien unseres Genoms, als zweiten Code zur Reserve, anzufertigen. ○
> Neben dem genetischen Code vererben wir noch einen zweiten Code, den wir beeinflussen können. ○

2 Lesen Sie den Beginn der Vortragsankündigung. Was erfahren Sie aus dem Text über die Epigenetik? Beantworten Sie die Fragen in Stichworten.

Epigenetik – Der zweite Code

Vortrag von Peter Spork

Die Epigenetik beschäftigt sich damit, wie die Funktion unserer Gene durch die Umwelt und den Lebensstil beeinflusst wird, z. B. durch das Klima, durch das, was wir essen, oder auch durch das, was wir erleben.

5 Epigenetische Informationen sind der Grund, dass Leben trotz gleicher Gene ganz unterschiedlich verlaufen kann. Sie nehmen nicht nur Einfluss auf unsere physische Konstitution, sondern auch auf unser psychisches Wohlbefinden.

Die Speicherung epigenetischer Information geschieht durch eine biochemische Manipulation der DNA: Epigenetische Schalter deaktivieren oder aktivieren einzelne Gene auf der DNA-Doppelhelix in unseren

10 Zellen. Und ebenso wie genetische Erbinformationen können auch epigenetische Informationen über Generationen weitervererbt werden. Das Verstehen der Epigenetik erlaubt es, unser genetisches Erbmaterial bewusst zu beeinflussen: So wissen wir bereits, dass gesundheitliche Vorsorge vor der Geburt beginnen sollte.

Die Erkenntnis, dass Zellen Umweltinformationen speichern und vererben können, zeigt, dass die Entschlüsselung des Humangenoms nur der erste Schritt zum Verständnis unseres Erbguts war.

> Was erforschen Epigenetiker?

....

....

> Inwiefern hängt genetische von epigenetischer Information ab?

....

3 Sie möchten einen Freund einladen, zu dem Vortrag mitzukommen. Er fragt Sie, was Epigenetik eigentlich ist. Lesen Sie den zusätzlichen Text aus einer Zeitschrift und posten Sie ihm auf seiner Social Network Seite eine Erklärung.

Veränderbares Genmaterial

Neue Erkenntnisse der Epigenetik machen klar, dass die alte Lehrmeinung der Biologie, die einmal ererbten Eigenschaften könne man nicht mehr
5 verändern, so nicht mehr haltbar ist. Vielmehr werden durch Umwelteinflüsse und Lebensstil eines Menschen epigenetische Veränderungen in unserem Erbgut vorgenommen – zum Positiven oder zum Negativen. Sowohl physische also auch psychische
10 Merkmale können epigenetisch manipuliert werden. Diese Manipulationen sind sogar durch geeignete Maßnahmen teilweise reversibel.

Abbrechen	Senden
Epigenetik ist eine Richtung der Forschung, die	

4 Ihr Freund hat Interesse an dem Vortrag. Um sich gemeinsam vorzubereiten, überlegen Sie sich vorher Fragen. Notieren Sie diese Fragen zu zweit zunächst ungeordnet auf einem gesonderten Blatt Papier.

5 Ordnen Sie hier Ihre Fragen systematisch.

1.

2.

FRAGEN ENTWICKELN

Teil des antizipierenden Hörens ist es, auf Grundlage dessen, was Sie schon zu dem Thema wissen bzw. recherchiert haben, bereits vor dem Vortrag Fragen zu formulieren. Dabei können Sie in folgender Reihenfolge vorgehen:
1. alle Fragen notieren, die Ihnen spontan einfallen
2. die Fragen nach Ebenen ordnen (übergeordnete, mittlere Ebene, Detailfrage)
3. untergeordnete Fragen den Fragen der darüberliegenden Ebenen zuordnen, weitere Fragen ergänzen.

6 Ordnen Sie die folgenden Fragen noch in Ihr System ein. Notieren Sie dazu ggf. neue übergeordnete Punkte.

Gibt es Fettsucht-Gene?　　　Wo in der Zelle sind d epig Infos gespeichert?　　　Welche Tierexp gibt es?

Dimension der Epigenetik

- Lebensstil in der Kindheit hat Auswirkungen auf die Gesundheit im Alter
- Mechanismus: Schalter an/neben den Genen beeinflussen Funktionsfähigkeit der Gene
- zwei Codes:
  - > genetischer Code: Gene
  - > epigenetischer Code: Schalter

Genetischer Code

- Stufen der Entschlüsselung
  - > 1954: Aufklärung der DNA-Struktur als Doppelhelix
  - > 2004: Entschlüsselung des ersten menschlichen Genoms (= gesamten Erbguts von Menschen)

Epigenetischer Code

- Zellen eines Organismus
  - > gleiche Gene
  - > verschiedene epigenetische Strukturen
    - > bestimmen die Identität der Zelle (Leberzelle oder Darmzelle oder …)
    - > sind das „Gedächtnis" der Zelle
    - > epigenetische Schalter = biochemische Mechanismen

Potenzial des epigenetischen Codes

- molekularbiologische Informationen des epigenetischen Codes vererbbar an Tochterzellen
- epigenetische Schalter sind potenziell reversibel
- Beispiel für Potenz der Schalter
  - > Verwandlung Raupe zu Schmetterling

Epigenetische Schalter
- DNA-Methylierung
  - > Anlagerung von Methylgruppen an DNA mittels eines Enzyms; dadurch Deaktivierung der betroffenen Gene
- Histon-Code
  - > Festigkeit der Wickelung der DNA um Histone aktiviert/deaktiviert Gene

Beeinflussung der Schalter
- durch Umwelt, z. B.:
  - > Nahrung, Sport, Erziehung, Liebe; aber auch Traumata, Folter
- Beispiele
  - > Ausprägung der Schweißdrüsen
  - > Bienenkönigin
- Prof. Jaenisch: „Epigenom ist die Sprache, in der das Genom mit der Umwelt kommuniziert."

Aktivierung epigenetischer Schalter

Perinatale Phase besonders sensibel für:
- Körperstoffwechsel
  - > Verhalten der Mutter beeinflusst Übergewichts- und Diabetesrisiko
  - > Prävention beginnt bei Mutter
- Gehirnstoffwechsel
  - > Depression, Angsterkrankung
  - > Beispiel: Tierexperimente mit Ratten

Vererbung epigenetischer Schalter
- transgenerationelle Epigenetik
  - > eigener Lebensstil beeinflusst u. U. die Gesundheit der Enkel
- Prävention von Krankheiten
  - > Beginn: vor der Zeugung von Kindern
  - > Beispiel: Männer in Överkalex (Schweden)
- Erkenntnisse der Epigenetik steigern Verantwortung und Freiheit

Einem Vortrag folgen

1 **Vor dem Vortrag bekommen Sie eine Folienübersicht. Lesen Sie die Folien und bearbeiten Sie die Aufgaben.**

VON BEKANNTEM
AUSGEHEND VERSTEHEN

a Markieren Sie, was Sie bereits wissen, mit Gelb.

b Markieren Sie, was Sie nicht verstehen, mit Rot und schlagen Sie unbekannte Begriffe in einem Wörterbuch nach.

Nutzen Sie bei der Orientierung in Vorträgen aktiv diejenigen Aspekte des Themas, die Ihnen schon bekannt sind. Versuchen Sie zu erkennen, wann sich die/der Vortragende auf diese Aspekte bezieht. Setzen Sie Ihr Vorwissen dann wie eine Insel ein, von der aus Sie erkunden, was im Vortrag zu diesem Aspekt gesagt wird.

c Markieren Sie mit Grün die Stellen, die Antworten auf Ihre Fragen von Seite 61, Aufgabe 5 schon geben oder voraussichtlich geben werden.

d Übertragen Sie Ihre systematisch geordneten Fragen von Seite 61, Aufgabe 5 auf ein gesondertes Blatt Papier und notieren Sie dort ggf. bereits die Antworten, die sich aus dem Überblick der Folien ergeben.

▷ 1 **2** **Hören Sie nun den Vortrag einmal ganz und lesen Sie dabei die Folien mit. Notieren Sie auf dem Blatt Papier, das Sie für Aufgabe 1d angefertigt haben, Antworten auf Ihre Fragen.**

2–5 **3** **Rekapitulieren Sie noch einmal anhand Ihrer Notizen den Vortrag und beantworten Sie die folgenden Fragen. Wenn Sie mithilfe Ihrer Notizen die Fragen nicht beantworten können, hören Sie noch einmal die verschiedenen Ausschnitte. Dort finden Sie hilfreiche Hinweise.**

> Können durch den Lebensstil oder durch Umwelteinflüsse epigenetische Schalter so geschaltet werden, dass Leberzellen zu Darmzellen werden? Begründen Sie Ihre Antwort.

....

....

> Können epigenetische Schaltersysteme Einfluss auf die psychische Gesundheit von Menschen nehmen? Begründen Sie Ihre Antwort.

....

....

> Zu welchem Zeitpunkt sollte die Vorsorge vor bestimmten Krankheiten unter epigenetischen Gesichtspunkten einsetzen? Begründen Sie Ihre Antwort.

....

....

> Aus welchem Grund wächst durch die Erkenntnisse der Epigenetik unsere Freiheit?

....

....

4 **Notieren Sie den für Sie interessantesten Aspekt des Vortrags in einer Twitter-Nachricht (140 Zeichen).**

#Epigenetik ....

Detailliert hören und systematisch mitschreiben

▶6 **1** **Hören Sie einen bereits bekannten Ausschnitt aus dem Vortrag und kreuzen Sie zunächst nur an, welche Aufmerksamkeitssignale Sie hören.**

> Es macht noch etwas: … ○
> Das ist jetzt besonders wichtig: … ○
> Und das heißt so viel wie: … ○
> …, sozusagen … ○
> … jetzt wird es besonders spannend … ○
> … und das ist der entscheidende Punkt … ○
> … die Definition … lautet nämlich: … ○
> Und was die spannendste, für uns wichtigste Eigenschaft … ist, … ○

Nutzen Sie bei der Entscheidung darüber, was Sie mitschreiben, verschiedene Anhaltspunkte:
- die Struktur des Inhalts (z. B. Zeitabläufe, deren Phasen notiert werden sollten, gegensätzliche Forschungspositionen)
- explizite Hinweise im Vortrag auf wichtige Punkte (Erhöhung der Lautstärke, gezielte Pausen, um Aufmerksamkeit zu erregen, Redewendungen wie *Der wesentliche/zentrale/entscheidende Punkt ist …*).

▶6 **2** **Hören Sie den Ausschnitt noch einmal. Achten Sie auf die Informationen nach den Aufmerksamkeitssignalen und ergänzen Sie diese in den hellblauen Kästchen der Mitschrift.**

Seite 2	Dr. Peter Spork:
16. Oktober 20…	„Ein anderer Code: Wie wir unser Erbgut steuern können"

200 Gewebetypen: Leber-, Nerven-, Haut-, Darmzellen

-> ident. Gene // untersch. Struktrn an/neben d Genen

epig. Strukturen

reagiert auf   Epigenom: Identität d Zelle =

(epigenetischer Schalter)

speichert Zustand:

Def. Epigen: molek.biol. Infos, d Zellen speichern ≠ gespeichert im gen Code

Fähigk d epigenetischen Schalters: Raupe → Schmetterling

gleiche Gene

Puppe

Epigenetische Schalter

Zusammenfassung der Seite

3 **Hören Sie zwei bereits bekannte Ausschnitte und achten Sie auf die Teilsätze, die mit Pronomen wieder aufgegriffen werden. Ordnen Sie zu.**

a ... diese Strukturen, ...

b ... die epigenetischen Strukturen, ...

c ... dieses Epigenom ...

d Diesen epigenetischen Schalter, ...

e Das ist auch die Definition der Epigenetik, ...

f ... mit allen molekularbiologischen Informationen, ...

☐ **die** lautet nämlich: ...

☐ **die** bilden das Epigenom einer Zelle.

☐a **das** sind die epigenetischen Strukturen, ...

☐ **den** kann sie sogar weitergeben, ...

☐ **die** Zellen speichern und an ihre Tochterzellen weitergeben, ...

☐ **das** entscheidet darüber, ...

4 **Logische Beziehungen werden oft durch Pfeile dargestellt. Notieren Sie in der Mitschrift auf Seite 64, welche Bedeutungen diese Pfeile haben könnten (vgl. das Beispiel).**

▶ 9 **5** **Hören Sie und notieren Sie die redundanten Informationen.**

a Welche anderen Bezeichnungen findet der Sprecher für den „neuen Code"?

....

b Wie erklärt der Autor, dass „Schalter reversibel" sind?

....

c Welches Stresshormon genau dockt im Gehirn an?

....

6 **Bearbeiten Sie die folgenden Aufgaben auf der Basis der Cornell-Notizseite.**

a Beschreiben Sie die Funktion des rechten und linken Bereichs der Seite.

links: .... *rechts:* ....

b Welche Informationen sollten auf jedem Blatt enthalten sein? Notieren Sie.

– ....

– ....

7 **Ergänzen Sie die linke Spalte der Notizen.**

8 **Schreiben Sie in den unteren Bereich der Notizseite eine kurze Zusammenfassung in vollständigen Sätzen.**

VERWEISE ZUORDNEN

Für das Verständnis von Zusammenhängen ist es wichtig zu entschlüsseln, worauf sich Pronomen beziehen. Manche Sätze beginnen mit einem Satzglied, das dann sofort durch ein Pronomen wiederholt wird, z. B. *Dieses Epigenom, das entscheidet darüber, ...* Achten Sie darauf, dass Sie solche Strukturen richtig auflösen.
Beim Mitschreiben können Sie ggf. diese Verweise durch Linien und Pfeile darstellen.

REDUNDANZEN NUTZEN

Bei einem Vortrag neigen Sprecher dazu, redundant zu formulieren.
• Sie sagen das Gleiche noch einmal mit anderen Worten.
• Sie machen eine Aussage und fügen sofort eine verbesserte oder detaillierte Erklärung dazu. Ein Kennzeichen dafür ist der Ausdruck *und zwar*.
Wenn Sie etwas nicht gleich verstehen, hören Sie weiter und achten Sie darauf, ob die/der Vortragende den Sachverhalt noch einmal anders erklärt.

SYSTEMATISCH MITSCHREIBEN

Teilen Sie die Blätter, die Sie für Ihre Notizen nutzen, funktionell in Bereiche auf. So haben Sie bereits vor dem Mitschreiben eine Struktur, auf der Sie Ihre Notizen aufbauen können.
Eine oft genutzte Aufteilung ist das sogenannte *Cornell-System*, das auch in Campus Deutsch verwendet wird (vgl. *Campus Deutsch – Schreiben*, Seite 75) Weitere Erklärungen dazu gibt es auf Seite 79.

Ein anderer Code: Wie wir unser Erbgut steuern können

Dr. Peter Spork   **16. Oktober 20..**

Aktivierung epigenetischer Schalter

Sensible Phase epigenetischer Prägung:
Zeit im Mutterleib und direkt nach der Geburt (perinatale Phase)

a   Auswirkung auf Körperstoffwechsel   *Wird Übergewicht nicht genetisch vererbt?*
    • Beispiel: Übergewicht und Diabetes
        > Risiko für Übergewicht und Diabetes wird auch im Mutterleib angelegt (Andreas Plagemann, Perinatal-Mediziner, Berlin (Charité))
        > Konsequenz für Vorsorge: Prävention sollte während der Schwangerschaft beginnen

b   Auswirkung auf Gehirnstoffwechsel
    • Auswirkungen auf Depression, Stressverwundbarkeit etc.
        > Beispiel: *non-licking-mothers* bei Ratten (Michael Meaney, Montreal)
        > Stressverwundbarkeit durch epigenetische Veränderungen während Schwangerschaft (Dirk Hellhammer, Stressforscher, Trier)

Seite	Aktivierung epigenetischer Schalter
	Sensible Phase epig Prägg
	a

Handouts gezielt für die Vorbereitung nutzen

1 **Oben auf Seite 66 sehen Sie das Handout für einen Ausschnitt des Vortrags. Notieren Sie auf dem Handout Fragen, die Ihnen zu den Stichpunkten einfallen.**

2 **Bereiten Sie nun das Notizblatt unten auf Seite 66 vor. Lassen Sie jeweils genug Platz für Ihre Notizen.**

a Tragen Sie auf dem Blatt zunächst den Autor und den Titel bzw. Kurztitel, wenn es nicht die erste Seite ist, ein.

b Übertragen Sie die Struktur des Handouts auf Ihr Notizblatt. Lassen Sie dabei genügend Platz für weitere Anmerkungen.

10 **3** **Hören Sie jetzt den entsprechenden Ausschnitt aus dem Vortrag. Ergänzen Sie die Informationen auf Ihrem Notizblatt und achten Sie insbesondere auf mögliche Antworten auf Ihre Fragen, die Sie auf dem Handout festgehalten haben. Notieren Sie diese Antworten.**

4 **Unterstreichen Sie auf dem Handout die Stellen, an denen Zitate zu erwarten sind.**

10 **5** **Lesen Sie die folgenden Redemittel. Hören Sie den Ausschnitt noch einmal und kreuzen Sie an, mit welchen der Vortragende seine Zitate kennzeichnet.**

> So lesen wir bei …: „…“ ○
> Ich zitiere: „…“ ○
> „…“, so (Name), „…“ ○
> (Name)/Herr/Frau …Er/Sie fordert, … ○
> …, was von (Name) als „…“ bezeichnet wird ○
> (Name) spricht in diesem Zusammenhang von „…“ ○
> (Name) schreibt dazu: „…“ ○
> (Name)/Herr/Frau …/Er/Sie sagt/sagen, … ○
> Hier ein Zitat von (Name): „…“ ○

6 **Versehen Sie Ihre Mitschrift nun auf der linken Seite mit Stichwörtern.**

7 **Schreiben Sie abschließend eine kurze Zusammenfassung des gehörten Ausschnitts.**

FRAGEN STELLEN

Lesen Sie in der Zeit bis zum Beginn eines Vortrags das Handout durch und notieren Sie darauf bereits Fragen, die Ihnen zum Thema einfallen. Versuchen Sie beim Hören des Vortrags dann, Antworten auf diese Fragen zu finden (vgl. auch Seite 45 und 61). Bewahren Sie das Handout mit Ihren Notizen zusammen auf, sodass Sie Ihre Gedanken später rekapitulieren können.

ZITATE ERKENNEN

Zitate können, anders als bei schriftlichen Texten, nicht durch Satzzeichen gekennzeichnet werden. Bei einem Vortrag müssen daher direkte oder indirekte Zitate mit rein sprachlichen Mitteln ausgewiesen werden.
Häufig wird dem Namen der zitierten Person die Bezeichnung ihrer Funktion vorangestellt, um die Kompetenz dieser Person zu unterstreichen.
Kennzeichnen Sie Aussagen, die nicht von der/dem Vortragenden sind, auch als Zitate in Ihrer Mitschrift, indem Sie z. B. die Quelle der Aussage in Klammern dahinterschreiben.

Mitschriften nachbereiten

▶ 11–13 **1 Lesen Sie diese Notizen, die bei dem Vortrag gemacht wurden, und formulieren Sie vollständige Sätze daraus. Wenn Sie Hilfe benötigen, hören Sie sich noch einmal die Ausschnitte an.**

> Umw + Lbnsstil → Schalter neb G   Schalter = Gene + od –

....

....

> 1954: Entdeckg DNA-Struktur, 2004: Entschlüsselg menschl Genom

....

....

> Erbe + Umwelt ≠ Gegensätze // Erbe ↔ Umwelt

....

....

Stellen Sie durch eine Überarbeitung Ihrer Mitschrift sicher, dass Sie alles verstanden haben. Diese Überarbeitung der Mitschrift sollte möglichst zeitnah erfolgen. Versuchen Sie, Ihre Notizen gemeinsam mit einem Muttersprachler zu überarbeiten.
Für die Nachbereitung
- lösen Sie Abkürzungen auf
- formulieren Sie aus Stichpunkten vollständige Sätze
- achten Sie auf die korrekte Darstellung der logischen Zusammenhänge.
Bewahren Sie auch bei der Nachbearbeitung die ursprüngliche Struktur und Gliederung.

2 Schreiben Sie eine überarbeitete Version Ihrer Mitschrift von Seite 64 und 66.

....

....

....

....

....

....

....

....

....

....

....

....

....

....

....

....

....

Logische Zusammenhänge verstehen, Gesamtverständnis überprüfen

▶ 14 **1** **Hören Sie den folgenden Ausschnitt aus dem Vortrag und notieren Sie die drei konditionalen Verhältnisse, die darin beschrieben werden. Achtung: Zweimal wird *wenn* mit einer temporalen Bedeutung benutzt!**

1. ....

....

2. ....

....

3. ....

....

15,16 **2** **Hören Sie zwei Aussagen aus dem Vortrag und notieren Sie mit den vorgegebenen Elementen die proportionalen Verhältnisse.**

Unterschiedlichkeit der Umwelt   frühkindliche Prägung

Unterschiedlichkeit der Epigenome   Alter   Zwillinge

Fähigkeit zur Veränderung des Schalters

> ....

> ....

> ....

> ....

KONDITIONALE VERHÄLTNISSE NOTIEREN

Wenn die/der Vortragende ausdrücken möchte, dass eine Folge nur unter einer bestimmten Bedingung eintritt, verwendet sie/er konditionale Satzverbindungen. Häufig verwendete Ausdrücke sind: *sofern, falls, wenn, sonst, dann, so.* Oft wird auch, wie bei einem Fragesatz, das Verb an den Anfang des Satzes gestellt. Notieren Sie konditionale Verhältnisse so:
Bedingung >> Folge

WECHSELSEITIGE ABHÄNGIGKEITEN NOTIEREN

Zusammenhänge, die wechselseitige Abhängigkeiten beschreiben, werden häufig durch *je … desto, je … umso* oder *je nachdem* ausgedrückt. Notieren Sie diese Zusammenhänge so:
Gegebenheit 1 ⁓ Gegebenheit 2

3 **Am Tag nach dem Vortrag schreibt Ihnen eine Freundin, die nicht teilnehmen konnte. Beantworten Sie ihre Fragen in einer E-Mail. Benutzen Sie ggf. ein gesondertes Blatt Papier.**

An: ole26@cd.de
Betreff: Vortrag über Epigenetik

Hallo Ole,
wie war der Vortrag? Hat Spork erklärt, wie die epigenetischen Schalter funktionieren? Könntest Du mir das vielleicht kurz erklären? Weiß man schon, welche Krankheiten durch diese epigenetische Programmierung evtl. beeinflusst werden? Mich würde auch mal interessieren, ob die epigenetischen Schalter nur in der Kindheit wirksam sind oder auch später. Ich habe gelesen, dass epigenetische Einstellungen sogar vererbt werden. Stimmt das? Hat er dazu etwas gesagt? Schade, dass ich nicht kommen konnte! Tschüs Line

Liebe Line,

schade, dass Du nicht da warst! Der Vortrag war

toll. Hier sind die Antworten auf Deine Fragen:

– Funktion der Schalter. Es gibt im Wesentlichen

zwei Schalter. 1.

....

....

....

....

Arbeitstechniken wiederholen

1 Welches Wörterbuch ist in der folgenden Situation jeweils am sinnvollsten? Infokästen Seite 58, 59

a Sie möchten die Bedeutung der Krankheiten „Depression", „Diabetes" und „Belastungsstörung" verstehen.

b Sie möchten wissen, wie die verschiedenen Körperteile einer Biene benannt werden.

2 Notieren Sie den Inhalt dieses Satzes als Mitschrift. Infokasten Seite 65

„Diese Prägung, diese perinatale, um die Zeit der Geburt hin liegende Prägung des Stoffwechsels, kann man auch übertragen nicht nur auf diesen Körperstoffwechsel, sondern auch auf den Gehirnstoffwechsel."

3 Ergänzen Sie den Text. Infokästen Seite 67, 68

Sie sollten die Zeit bis zum Beginn eines Vortrags nicht einfach verstreichen lassen, sondern bereits aktiv mit

dem (1) .... arbeiten. Lesen Sie den Inhalt durch und notieren Sie direkt darauf (2) ...., die

Ihnen zu den angesprochenen Punkten einfallen. Achten Sie beim Hören dann auf Antworten. Überlegen Sie auch

bereits bei der vorbereitenden Lektüre des Handouts, an welchen Stellen die/der Vortragende eventuell eigene

Ausführungen mit (3) .... von anderen unterstützt oder konfrontiert. Vielleicht kennen Sie schon die

Position der zitierten Person und können sich so vorstellen, was die/der Vortragende sagen wird. Nach dem Vor-

trag sollten Sie Ihre (4) .... so schnell wie möglich überarbeiten, indem Sie die (5) ....

auflösen und einen Text mit (6) .... und grammatisch korrekten Sätzen erstellen. Insbesondere

ist es wichtig, die (7) .... Zusammenhänge zu wahren, sodass keine inhaltliche Verzerrung entsteht.

Bewahren Sie auf jeden Fall die ausgehändigten Unterlagen (8) .... mit Ihrer Mitschrift auf.

4 Notieren Sie die folgenden Sätze für eine Mitschrift in Kurzform Infokästen Seite 69

a Je gesünder ich selbst lebe, desto größer ist die Chance, dass auch meine Kinder gesund sind und bleiben.

b Lecken Rattenmütter ihre Jungen nach der Geburt nicht, bedeutet das einen ernomen Stress für die Jungen.

c Wenn Mütter während der Schwangerschaft übermäßig zunehmen, besteht auch für Kinder die Gefahr, dass sie übergewichtig werden oder einen Diabetes entwickeln.

Entschleunigung der Stadt

DAS LERNEN SIE

- Bezug zur eigenen Lebenswirklichkeit herstellen
- Den Vortragsfaden aufnehmen
- Auf zusätzliche Informationen achten
- Das Wesentliche festhalten
- Nach Interessen hören
- Die Mitschrift komprimieren
- Eine Zusammenfassung schreiben
- Die Bedeutung von *das heißt* differenzieren
- Standpunkte identifizieren

Bedeutung erzeugt Nachhaltigkeit:
Überlegen Sie immer, welchen Bezug zu
Ihrer Lebenswirklichkeit ein Vortrag hat.

Einstieg

1   Sehen Sie die Bilder an. Was ist das wohl? Warum sitzt der Mann dort?
Überlegen Sie sich einen Titel für die Bilder und sprechen Sie im Kurs.

2   Was macht für Sie gute Lebensqualität in einer Stadt aus? Ordnen Sie zu und sprechen Sie im Kurs.

a   viele Parkplätze für Autos

b   Wohnung in der Nähe des Arbeitsplatzes

c   verschiedene kleine Fachgeschäfte

d   großflächige Fußgängerzonen

e   schnelle öffentliche Verkehrsmittel

f   breite Straßen für Autos

g   viele Grünanlagen

h   große Supermärkte

wichtig: _____

nicht wichtig: _____

3   Man sagt, wir leben im „Zeitalter der Mobilität". Welche der folgenden Parameter menschlicher Fortbewe-
gung haben sich wohl im Vergleich zu früher verändert? Und wie? Was meinen Sie? Sprechen Sie im Kurs.

> Die Zahl der täglich zurückgelegten Wege.

> Die zurückgelegten Entfernungen.

> Die für die Wege benötigte Zeit.

> Der für die Wege betriebene Energieaufwand.

Über den Verkehr in der Stadt nachdenken

BEZUG ZUR EIGENEN LEBENSWIRKLICHKEIT HERSTELLEN

1 **Im Rahmen des *Studium generale* werden Sie bald eine Vorlesung zum Thema *Entschleunigung der Stadt* hören. Welche der folgenden Aspekte des Themas könnten mit Ihrem Studium oder mit Ihrem täglichen Leben etwas zu tun haben? Notieren Sie kurz den Bezug, den Sie sehen.**

> Mobilität – *bedeutet mir viel, denn ich muss täglich zu vielen Orten*

  fahren, aber die öffentlichen Verkehrsmittel sind schlecht

> Parkplätze –

> Fußgänger –

> Fußgängerzone –

> Fahrradfahrer –

> Autofahrer –

> Geschwindigkeit –

> Verkehr der Zukunft –

Wenn Ihnen Inhalte etwas bedeuten, können Sie sich nachhaltig daran erinnern. Versuchen Sie daher bereits vor dem Hören eines Vortrags, einen Bezug zur eigenen Lebenswirklichkeit herzustellen.
- Gibt es Überschneidungen mit Themen aus Ihrem Studienfach?
- Haben Sie vielleicht zu dem Thema schon etwas gehört oder sogar selbst geschrieben, z. B. eine Hausarbeit?
- Berührt Sie das Thema persönlich, z. B. weil Sie davon betroffen sind?

Notieren Sie diese Bezüge in einem kleinen Assoziogramm, um sich auf das Thema einzustimmen.

2 **Bearbeiten Sie die Aufgaben und sprechen Sie dann darüber im Kurs.**

a   Welches Verkehrsmittel wählen Sie für die folgenden Ziele? Notieren Sie die Nummern der Verkehrsmittel hinter den Zielen.

1 Bus/U-Bahn/Straßenbahn o. Ä.   2 zu Fuß   3 Zug   4 Fahrrad   5 Auto

> Volkshochschule/Weiterbildungskurse

> wöchentlicher Großeinkauf

> Freunde/Verwandte besuchen

> sportliche Aktivitäten draußen (Jogging etc.)

> sportliche Aktivitäten drinnen (Fitnesscenter etc.)

> tägliche Einkäufe

> Kindergarten/Schule

> Kino/Theater/Konzert

> Universität

> Arbeitsplatz

b   Überlegen Sie, unter welchen Voraussetzungen Sie Ihre Autofahrten durch Fahrten mit anderen Verkehrsmitteln ersetzen könnten.

3 **Eine Japanerin studiert seit Kurzem in Deutschland. Sie schreibt einen Blog über das Leben dort. Notieren Sie auf den Linien daneben, was Eri auffällt und wie das in Ihrem Land ist.**

Eris Leben in Deutschland

| 29.11.20.. | **Auto fahren** |

Unglaublich! Fast alle meine Freunde haben ein Auto und kommen damit auch zur Uni. Es gibt in der Nähe sogar kostenlose Parkplätze. Und wenn man Examen macht, bekommt man eine Einfahrtserlaubnis, d. h. man darf mit dem Auto auf den Campus fahren und dort parken.

In Japan muss man viel Geld für einen Parkplatz bezahlen. Aber hier ist es auch kein Problem, zu Hause zu parken. Jede Wohnung hat normalerweise einen kostenlosen Parkplatz oder man kann sein Auto einfach an der Straße abstellen. Ich habe gehört, dass es sogar eine alte Vorschrift gibt, nach der bei jeder Wohnung und jedem Arbeitsplatz auch Parkplätze zur Verfügung stehen müssen.

Ich habe kein Auto, sondern fahre mit dem Fahrrad. Das ist ziemlich ungefährlich, denn es gibt überall Fahrradwege, auf denen Fußgänger nicht gehen und auch Autos nicht parken dürfen.

– fast alle Studenten haben ein Auto; in meinem Land ist das so:

4 **Bearbeiten Sie die Aufgaben und vergleichen Sie im Kurs.**

a   Welchen Aussagen stimmen Sie zu? Kreuzen Sie an.

Mobil fühle ich mich dann, wenn
> ich jederzeit ein Auto zur Verfügung habe.　　　　　　　　　○
> ich leicht zu Fuß meine Ziele erreichen kann.　　　　　　　　○
> ich die öffentlichen Verkehrsmittel ohne große Wartezeit benutzen kann.　○

b   Ergänzen Sie die Sätze.

> Ich gehe dann gerne zu Fuß, wenn ....

> Eine Stadt ist dann schön, wenn ....

> Ein (Elektro-)Auto sollte man dann benutzen, wenn ....

5 **In dem Vortrag wird zwischen der „gefühlten Zeit" und der „tatsächlichen Zeit" bei der Fortbewegung unterschieden. Unter welchen Umständen könnte für einen Fußgänger in der Stadt die „gefühlte Zeit" länger als die „tatsächliche Zeit" sein? Unter welchen Umständen könnte sie kürzer sein? Überlegen Sie und notieren Sie kurz das Ergebnis Ihrer Überlegung.**

Wie sich Städte entschleunigen lassen – Das Beispiel Wien

Prof. Dr. Hermann Knoflacher (TU Wien)

---

1 Historischer Rückblick: Entwicklung des Verkehrs

- Eigentliche Bedeutung von Verkehr: kultivierter Umgang der Menschen miteinander
- Entwicklung des Verkehrs: Fußgänger → Eisenbahn (19. Jh.) → Auto (ab 30er-Jahre des 20. Jh.)

2 Energieverrechnungsmechanismus

- Länge des Wegs wird je nach Verkehrsmittel unterschiedlich eingeschätzt: bei Fußwegen ist gefühlte Zeit wesentlich länger als tatsächliche Zeit
- Fußweg verbraucht viel innere (= eigene) Energie, Autofahren wenig; daher: kurzer Fußweg wird länger empfunden als lange Autofahrt
- Beispiel Schwänzeltanz der Bienen
  - Experiment: 1. Futterquelle steht weit entfernt und ist fliegend zu erreichen, 2. Futterquelle steht näher und ist gehend zu erreichen
  - Ergebnis: Bienen zeigen die gleiche Entfernung an, da die benötigte Energie für Bienen gleich ist (Bienen verbrauchen „zu Fuß" mehr Energie als beim Fliegen)
- Energieverrechnungsmechanismus = Vermeidung des Verbrauchs von innerer Energie
  - Menschen: Wahl des Verkehrsmittels, das am wenigsten innere Energie verbraucht
  - Grundlage für Energieverrechnungsmechanismus: die Energie, die man zu Beginn des Wegs verbraucht
- „Auto-Virus": Energieverrechnungsmechanismus ist genetisch festgelegt; Folge: ein in der Nähe parkendes Auto am Anfang der Fortbewegung zwingt uns zu seiner Benutzung

3 Notwendigkeit struktureller Veränderungen

- Auto-Städte: Strukturen solcher Städte sind für Autos geeignet, weniger für Menschen
- Auto-Strukturen: Parkplatz in der Nähe von Wohnung, Arbeitsplatz, Geschäften
- Herausnahme des Autos aus dem System → Veränderung der Strukturen → Veränderung des Verkehrs

4 Beispiele für strukturelle Änderungen in Wien

- Fußgängerzone im Zentrum von Wien ist umsatzmäßig zweitgrößtes „Shoppingcenter" Österreichs
- Infrastruktur für Fahrräder bewirkt Pendeln in die Innenstadt von Wien mit dem Fahrrad
- Weitgehendes Parkverbot in der Stadt führt zur Vertreibung der Autos aus dem Zentrum
- Keine Trennung von Fußgängern und Verkehrsmitteln durch Fahrbahn und Gehsteig, sondern Schaffung von öffentlichen Räumen für alle Verkehrsteilnehmer

5 Falsche Annahmen der Verkehrsplaner

- „Mobilität nimmt mit Motorisierung zu": falsch, denn weltweit machen Menschen schon immer pro Tag etwa vier Wege, zu Fuß oder mit dem Auto.
- „Motorisierung spart Zeit": falsch, denn Motorisierung ändert die Länge der Wege. Grund: Erhöhung der Geschwindigkeit bewirkt Entfernung der Ziele.
- Also: nicht Zunahme der Mobilität, sondern Zunahme des Aufwands für Mobilität
- Aber: Erhöhung des Aufwands für den gleichen Zweck ist ineffizient, d. h. Verkehrssystem ist schlecht organisiert

Inhaltlich Anschluss finden

▶ 1–5 **1 Lesen Sie Seite 1 des Handouts auf Seite 74 und hören Sie dann die dazugehörigen Ausschnitte aus dem Vortrag. Bearbeiten Sie dabei die Aufgaben.**

DEN VORTRAGSFADEN AUFNEHMEN

Wenn Sie zu spät zu einem Vortrag kommen oder während des Vortrags einige Zeit unaufmerksam sind, müssen Sie inhaltlich wieder Anschluss finden. Auch dafür können ein Handout und die begleitenden Folien nützlich sein. Achten Sie

- auf Zahlen, die genannt werden, und versuchen Sie, diese im Handout zu finden
- auf Illustrationen, die erklärt werden und vielleicht auch im Handout abgebildet sind
- auf Schlüsselwörter, die im Vortrag vermehrt verwendet werden, und suchen Sie dann das Schlüsselwort auf dem Handout.

a Markieren Sie die Informationen im Handout, aufgrund derer Sie die Tracks zuordnen können, mit Gelb.

b Ordnen Sie die Abschnitte zu.

> Track 1: Abschnitt 4
> Track 2: Abschnitt
> Track 3: Abschnitt
> Track 4: Abschnitt
> Track 5: Abschnitt

▶ 5 **2 Hören Sie noch einmal und bearbeiten Sie die Aufgaben.**

a Fertigen Sie eine Mitschrift des Ausschnitts an. Die Gliederungspunkte helfen Ihnen dabei. Umkreisen Sie dann die These des Autors.

1 Strukturen:

2 Reichsgaragenordnung:

3 Auto:

4 Parkgebühren:

5 Lösung:

b Unterstreichen Sie in Ihrer Mitschrift von Aufgabe 2a die Informationen, die nicht im Handout enthalten sind.

AUF ZUSÄTZLICHE INFORMATIONEN ACHTEN

Bei frei gehaltenen Vorträgen gibt es oft Unterschiede zwischen der Rede und den schriftlichen Unterlagen. Diese Unterschiede betreffen häufig zusätzliche Beispiele und Erklärungen, die im Vortrag hinzugefügt werden und die Hauptthesen erläutern. Sie können eine wichtige Verständnishilfe sein. Sprachliche Mittel für solche ergänzenden Erläuterungen sind u. a.

- *zum Beispiel, beispielsweise, wie etwa*
- *und zwar, also, nämlich.*

c Notieren Sie hinter den folgenden Funktionen die passenden Nummern Ihrer unterstrichenen zusätzlichen Informationen.

> Historische Einordnung
> Vermeintliches Gegenargument zur These des Autors:
> Erklärung zur Verstärkung der These des Autors:

▶ 6 **3 Hören Sie den Beginn des Vortrags noch einmal ganz und notieren Sie in fünf Sätzen mithilfe der folgenden Stichwörter die Hauptlinie der bisherigen Argumentation. Verwenden Sie dafür ein gesondertes Blatt Papier.**

eigene Energie   Auto in der Nähe   Erhöhung der Geschwindigkeit

gleiche Zeit, längere Wege   System ineffizient

6 Strukturelle Arbeitslosigkeit

- Vergleich Supermärkte außerhalb Wiens
  und Fachgeschäfte in der Innenstadt
  > Supermärkte: gleicher Umsatz
    mit weniger Personal
  > Supermärkte: kein qualifiziertes
    Personal

7 Verkehr der Zukunft

- Verkehr: Mittel zum Zweck
- Evolution selektiert nach Effizienz
  > Autoverkehr ist ineffizient
  > Fußgängerverkehr ist effizient

8 Fußgängerverkehr

- Bedingungen
  > interessante Umgebung
  > autofreie Umgebung
    (z. B. Fußgängerzone)
- Folge
  > Akzeptanz längerer Fußwege
  > öffentliche Verkehrsmittel beliebter

9 Verkehrstechnische Maßnahmen

- Abschaffung der Parkplätze an den Zielorten
- Stau als Mittel zur Vertreibung der Autos aus den Innenstädten

10 Elektromobilität

- Elektroautos: primitive Form der Elektromobilität
- Elektroautos sind keine Lösung

11 Veränderung der räumlichen Strukturen

- Verkehr der Zukunft: Eliminierung der Geschwindigkeit des Verkehrs durch
  > bessere Organisation von räumlichen Strukturen: Zusammenführung von *Wohnen* und *Arbeiten*
  > Verbesserungen für Fußgängerverkehr: Fußgängerzonen und praktischer öffentlicher Verkehr

Wichtigste Informationen mitschreiben

▷ 7 **1** Die Folien von Seite 76, die den nächsten Ausschnitt des Vortrags begleiten, enthalten nur rudimentäre Informationen. Der Autor entwickelt beim
Reden weitere Gedanken und Beispiele dazu. Hören Sie den Ausschnitt
einmal ohne Pause und lesen Sie die Folien mit. Notieren Sie dabei neben
den Folien auf Seite 76, welche zusätzlichen Informationen Sie für wichtig
halten. Konzentrieren Sie sich insbesondere auf Substantive und Zahlenangaben.

▷ 7 **2** Hören Sie ggf. noch einmal, ergänzen Sie Ihre Mitschrift und fertigen Sie
von diesem Ausschnitt eine Zusammenfassung an.

....

....

....

....

....

....

....

....

....

....

....

DAS WESENTLICHE FESTHALTEN

Ein frei gehaltener Vortrag wird oft
nicht sehr zielgerichtet gehalten,
sondern die/der Vortragende
nähert sich manchmal dem Thema
auf Umwegen. Für Sie als Zuhören-
den ist es wichtig, sich dabei auf
das Wesentliche zu konzentrieren.
Wenn es schwierig ist, dem Vortrag
zu folgen,
- versuchen Sie, alle Sequenzen zu
  verstehen und zu notieren, bei
  denen Begriffe vorkommen, die
  unmittelbar mit dem Thema zu
  tun haben und die Sie vielleicht
  sogar vorbereitet haben
- notieren Sie möglichst viele zentrale Begriffe, meistens Substantive, die Sie verstehen. Notieren
  Sie auch alle Zahlenangaben.
  Vielleicht haben Sie später die
  Gelegenheit, Ihre Mitschrift zu
  ergänzen.

▷ 8 **3** Lesen Sie auf Seite 76 den letzten Abschnitt des Handouts. Bilden Sie
dann Gruppen zu dritt und verteilen Sie die Themen des Handouts nach
Interesse. Hören Sie anschließend den letzten Teil des Vortrags und
konzentrieren Sie sich auf Ihr Thema und die folgenden Fragen. Verwenden Sie für die Mitschrift ein gesondertes Blatt Papier.

a Verkehrstechnische Maßnahmen
> Welche Beispiele gibt der Autor für die Abschaffung der Parkplätze?
> Wie wird der Stau erzeugt? Machen Sie eine Zeichnung.

b Elektromobilität
> Welche Elektromobilität akzeptiert der Autor?
> Für welche Zwecke wären Elektroautos akzeptabel?

c Veränderung der räumlichen Strukturen
> Welches Beispiel gibt der Autor?
> Welcher Punkt ist entscheidend für einen effektiven Verkehr der Zukunft?

NACH INTERESSEN HÖREN

Konzentrieren Sie sich in Vorträgen
auf die Abschnitte, die Informationen enthalten, die für Sie persönlich
relevant sind. In den anderen
Abschnitten können Sie sich darauf
beschränken, das Wichtigste mitzuschreiben.
Versuchen Sie mit Kommilitonen,
die andere Interessen haben, ein
Mitschrift-Team zu bilden: Jede/r
konzentriert sich auf die Teile, die
dem eigenen Interesse entsprechen. Bei einer gemeinsamen Nachbereitung können alle dann ihre
Mitschrift des gesamten Vortrags
ergänzen.

4 Tauschen Sie Ihre Informationen in der Dreiergruppe aus und schreiben Sie gemeinsam eine kurze Zusammenfassung des letzten Ausschnitts aus dem Vortrag. Verwenden Sie dafür ein gesondertes Blatt Papier.

Knoflacher „Städte entschleunigen" ......20..

Fußgänger- verkehr = menschlich	**1 Hist Rückblick: Entwicklung des Verk** Menschen = Fußgängerverk Auto = > phys Mobtät, < Körperenergie
Energieverrech- nungsmechanismus	**2 Energieverrechnungsmechanismus** Def s Handout „Auto macht Welt in uns zu Autowelt"

3 Notwendigk struktur Verändergn

Vorschrift 1939 („Reichsgaragenordng"): Parkplatz (Pp) bei Wohng, Gesch, Arbeitspl

PpGebühr unfair < Struk zwingt z Autobenutzg

4 Beisp f struktur Änderrg i Wien
Autobenutzg f Körperbehinderte („Bewegungsprothese"), Transp v Lasten
„keine Gehsteige, sondern öffentl Räume"

5 Falsche Annahmen der Verksplaner
Länge d Wege verändert   Mobtät -> innere Not = etwas fehlt
Mobtät hat Zweck ———> kein Wachstum d Mobtät // Mobtätaufwand größer
          Zeit: mit + ohne Auto = gleich

6 Strukt Arbeitslosigkt
Geschwindkt >> Leute fahr z Superm draußen
Eliminierung d Geschwindkt >> klein Geschäft m Personal, Aktivitäten i d Stadt

7 Verk d Zukunft
mehr Energ f gleichen Zweck -> Ausrottg ——> Autoverk
          (Fußgverk)

8 Fußg verk
Fußg: „lebendiges Umfeld" = „Schönheit d Städte" -> läng Fußwge = OK

Parks, Fußgzonen, Durchgänge o Autos   wird messbar
                                         autofreie Haltest =
                                         300-500% mehr
                                         Fahrgäste
9 Verkstechn Maßnahmen (Bsp Wien)
Verhltensänderg: Weg z Auto > Weg z Bushaltestelle
Abschaffg d Pp   Stau: Auto nach Straßbhn
                   -> 40% öfftl Verkehr

10 Elektromobtät als Alternative?
fossile Energ -> teurer
E-Autos keine Lösung < Strukt wird nicht geändert, Geschw bleibt
E-Autos f Sonderzwecke = OK (vgl 4)
11 Veränderg der räuml Strukturen
intell Lösg = verbesserte räuml Strukt / bessere Organis d Strukt
Zunahme d Fußw = Zunahme d Lebnsquali

Eine Mitschrift nachbereiten

1 Auf Seite 78 sehen Sie eine Mitschrift des gesamten Vortrags. Lesen Sie die Mitschrift und markieren Sie die zentralen Begriffe bzw. Phrasen. Wenn Sie möchten, können Sie die passenden Ausschnitte noch einmal hören.

2 Komprimieren Sie die Mitschrift auf der Grundlage Ihrer Markierungen in der linken Spalte so, dass Sie einen Gesamtüberblick über die wesentliche Argumentationslinie des Autors gewinnen. Benutzen Sie dazu auch das Handout auf Seite 74 und die Folien auf Seite 76.

3 Ordnen Sie die folgenden Sprachmittel für eine Zusammenfassung in die Tabelle ein.

Maßgeblich dafür ist ...   Daraus ergibt sich: ...   Das heißt (also), dass ...

Der Redner sagt/behauptet/postuliert, dass ...   Allerdings ist es falsch, ...

~~Das zentrale Argument /~~ Die wesentliche Aussage ist ...   Sie/Er kommt zu dem Schluss, dass ...

Der Redner betont / hebt hervor / akzentuiert, dass ...   Die Rednerin stellt sich die Frage, ob ...

Es darf bezweifelt werden, ob/dass ...   Nicht berücksichtigt wurde ...   Der entscheidende Punkt ist, ...

Aussagen des/der Vortragenden neutral wiedergeben	
Wichtige Informationen betont wiedergeben	*Das zentrale Argument / Die wesentliche Aussage ist ... —*
Schlussfolgerungen ziehen	
Kritik/Zweifel an dem Inhalt des Vortrags formulieren	

4 Notieren Sie eine kurze Zusammenfassung des Vortrags auf Seite 78 im unteren Feld.

5 Stimmen Sie Herrn Knoflachers Argumentation zu? Sprechen Sie zu zweit und notieren Sie (kritische) Anmerkungen. Vergleichen Sie ggf. Ihre Antworten auf Seite 72, Aufgabe 2 und Seite 73, Aufgabe 4.

—19

DIE MITSCHRIFT KOMPRIMIEREN

Campus Deutsch verwendet das *Cornell-System* (vgl. Seite 65). Dabei komprimieren Sie Ihre Mitschrift in der linken Spalte des Papiers. Notieren Sie dort
- wichtige Fakten und Zahlen
- Leitgedanken und Schlüsselwörter
- eigene Ideen
- zu erledigende Aufgaben

Führen Sie diesen Schritt direkt nach dem Vortrag durch. Er hilft Ihnen, die wesentliche Linie des Vortrags zu verstehen und zu erinnern.

EINE ZUSAMMENFASSUNG SCHREIBEN

Schreiben Sie abschließend, zu Hause, eine Zusammenfassung Ihrer einzelnen Mitschriftseiten in vollständigen Sätzen in dem unteren Bereich der Seiten. So stellen Sie sicher, dass Sie den Vortrag verstanden haben. Diese Zusammenfassungen können später sowohl als schnelle Information dienen als auch als Grundlage für andere Texte, die Sie während des Studiums anfertigen müssen.
Sie sollten dabei die folgenden Fragen beachten:
- Was sind die wichtigsten Informationen?
- Welche Schlussfolgerungen kann man ziehen?
- Welche Verbindung gibt es zu Ihrem Studium?
- Welche kritischen Fragen lassen sich evtl. zum Vortrag stellen?

Die Zusammenfassung muss nicht dem Verlauf des Vortrags folgen (vgl. *Campus Deutsch – Schreiben*, Seite 23 ff).

Details verstehen

1 **Lesen Sie zunächst den Infokasten. Formulieren Sie dann *das heißt* an zwei Stellen des Vortrags unter Verwendung eines Synonyms um.**

a „Wir müssen uns davon lösen, dass der Verkehr Selbstzweck ist. Der Verkehr ist immer nur Mittel zum Zweck. Das heißt, man muss sich immer fragen: wozu."

....

....

b „Wenn die Umgebung schön ist, gehen wir, obwohl die Physik uns genauso müde macht, lieber längere Wege. Also eine ganz spannende Geschichte. Das heißt, die Schönheit wird nun plötzlich messbar."

....

....

▶ 20 **2** **Der Autor benutzt den Konnektor *das heißt* sehr häufig und virtuos. Hören Sie einen kurzen Ausschnitt, in dem *das heißt* viermal vorkommt. Entscheiden Sie, ob es sich jeweils um eine *Modifikation* oder um eine *Begründung* handelt, und kreuzen Sie die betreffende Option an.**

> Modifikation ◯ Begründung ◯
> Modifikation ◯ Begründung ◯
> Modifikation ◯ Begründung ◯
> Modifikation ◯ Begründung ◯

▶ 21 **3** **Hören Sie und notieren Sie, mit welchen Worten der Autor zeigt, dass er seine eigene Meinung ausdrückt.**

a) ....

b) ....

▶ 22 **4** **Hören Sie und kreuzen Sie an, was genau der Autor bedauert.**

> Dass der Mensch über eine riesige Körperkraft verfügt. ◯
> Dass der Mensch nicht intelligenter geworden ist. ◯
> Dass der Mensch die Faszination nicht verstanden hat. ◯
> Dass der Mensch nicht so viel Körperenergie braucht. ◯

▶ 23 **5** **Hören Sie eine Aussage des Autors und paraphrasieren Sie seinen Standpunkt mit einem Synonym.**

....

....

....

DIE BEDEUTUNG VON *DAS HEISST* DIFFERENZIEREN

Der Konnektor *das heißt* (*d. h.*) verbindet Sätze oder Satzteile. Die Verbindung wird häufig in zwei Bedeutungen benutzt:
- nähere Erklärung des zuvor Gesagten: Synonyme sind *anders gesagt, besser gesagt, mit anderen Worten, genau gesagt*
- Begründung des zuvor Gesagten: Synonyme sind *damit ist gemeint, nämlich, denn*. Man kann auch einen Begründungszusammenhang z. B. mit *weil* formulieren.

STANDPUNKTE IDENTIFIZIEREN

Redewendungen mit selbstbezüglichen Pronomen markieren Äußerungen mit deutlich eigenem Standpunkt (z. B. *ich, meiner, mich*). Weniger deutlich sind z. B.:
- *selbstverständlich, doch* oder *erwartungsgemäß*. Die/Der Vortragende suggeriert damit, dass eine Alternative zumindest ungewöhnlich wäre. Auch *natürlich* als Adverb und die Partikel *ja* können diese Bedeutung tragen.
- *leider, bedauerlicherweise* zeigt, dass die/der Autor/in etwas bedauert.
Markieren Sie solche Äußerungen ggf. mit den Initialen der/des Autorin/Autors (vgl. auch Seite 13).

Wortschatz erweitern und Gesamtverständnis überprüfen

24 **1** **Der Autor benutzt in dem Ausschnitt zwei Redewendungen. Hören Sie und notieren Sie, welche Bedeutung die folgenden Redewendungen haben.**

> sich den Kopf zerbrechen
> Geld in die Hand nehmen

....

26 **2** **Hören Sie die Ausschnitte und beantworten Sie die Fragen.**

a Welche Bedeutung hat „Es ist eine Illusion zu glauben, dass ...“? Kreuzen Sie an.
> Es wäre wünschenswert, dass ... ○
> Es ist falsch, wenn wir glauben, dass ... ○

b Welche Bedeutung hat „Wir müssen uns davon lösen, dass ...“? Kreuzen Sie an.
> Wir dürfen nicht mehr denken, dass ... ○
> Wir müssen uns vorstellen, dass ... ○

3 **Welche der folgenden Aussagen entsprechen dem Inhalt des Vortrags? Kreuzen Sie an.**

> Der natürliche Verkehr für Menschen ist der Fußgängerverkehr. Er ist auch am effizientesten. ○
> Das Auto benötigt zwar Energie, aber die kann man mit der eigenen physischen Energie verrechnen, die ein Autofahrer nicht benötigt. Daher ist ein Auto ein effektives Verkehrsmittel. ○
> *Energieverrechnungsmechanismus* bedeutet, dass zu Beginn eines Wegs berechnet wird, wie viel Energie man für ihn braucht. ○
> Wenn ein Auto am Anfang des Wegs zur Verfügung steht, zwingt uns der Energieverrechnungsmechanismus, dieses Auto zu benutzen. Wenn man daher den Verkehr der Zukunft ändern möchte, muss man dafür sorgen, dass der Weg zum Auto verlängert wird. ○
> Menschen auf der ganzen Welt machten früher täglich etwa vier Wege. Durch die Verwendung des Autos hat sich die Zahl der Wege erhöht. ○
> Da die fossilen Energieressourcen begrenzt sind, kommt nur das Elektroauto für die Lösung des Verkehrsproblems der Zukunft infrage. ○
> Wenn die Städte für den Fußgängerverkehr interessant sind, wird auch der Umsatz von kleinen Geschäften in den Innenstädten steigen. ○
> Die Lösung des Verkehrsproblems der Zukunft besteht in der Herausnahme des Autos aus der Struktur des Verkehrs und damit einhergehend einer Verlangsamung des Verkehrs in der Stadt. ○

4 **Ergänzen Sie die Sätze im Sinne des Vortrags (vgl. Seite 73, Aufgabe 4b).**

> Man geht dann gerne zu Fuß, wenn ....

> Eine Stadt ist dann schön, wenn ....

> Ein Auto kann benutzen, wer ....

5 **Schreiben Sie ein Fazit des Vortrags. Hören Sie dann das Fazit des Autors noch einmal und vergleichen Sie es mit Ihrem eigenen. Modifizieren Sie ggf. Ihren Text.**

....

....

Arbeitstechniken wiederholen

▶ 28 **1** **Hören Sie einen Ausschnitt aus dem Vortrag, den Sie noch nicht kennen, und lesen Sie den Ausriss aus dem Handout. Markieren Sie den Teil des Handouts, über den der Autor gerade spricht.**

Infokasten Seite 75

Kokurrenz zwischen Regionen

- Gesetz der Gravitation im Verkehrswesen
  - › größere Region zieht kleinere an
  - › Bsp. für misslungene Förderung der kleinen Regionen: EU: Anbindung der kleinen Regionen an Zentren durch Hochgeschwindigkeitszüge
- Stärkung der kleineren Region durch
  - › Förderung der eigenständigen Entwicklung
  - › Stärkung der langsamen Verkehrssysteme
  - › Macht des Bürgers ist Macht des Fußgängers
- öffentliche Verkehrs- und Energieversorgssysteme
  - › Kontrolle durch lokale Bevölkerung
  - › Privatisierung in der Minderheit

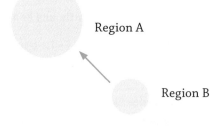

Region A

Region B

▶ 2 **2** **Hören Sie einen bereits bekannten Ausschnitt noch einmal. Welche Information könnte für eine/n an Psychologie interessierte/n Zuhörer/in interessant sein?**

Infokasten Seite 77

a   Notieren Sie kurz diese Information.

....

b   Welche Frage könnte sich an diese Information anschließen, deren Antwort im Verlauf des Vortrags erwartet würde?

....

3 **Lesen Sie den folgenden Satz aus einer Mitschrift zum Teil des Vortrags von Aufgabe 1 und notieren Sie, wie Sie die Inhalte komprimiert festhalten können.**

Infokasten Seite 79

> kl Regionen: Förderg d eign Entwicklg → Aufbau eign Strukt
> schnell Verkehrssyst = Machtinstrument: Zentral d Macht
> langs Verkehrssyst = Macht der Bürger = Fußgäng
>
> langs Verkehrssyst

4 **In den folgenden Sätzen zeigt der Autor implizit seinen eigenen Standpunkt. Markieren Sie die Wörter, mit denen er seinen Standpunkt ausdrückt, und notieren Sie hinter den Sätzen ein passendes Synonym.**

Infokasten Seite 80

- › „Weil die geistige Mobilität ist ja Elektromobilität in Wirklichkeit." › ....
- › „Dazu kommt noch, dass die kleinen Geschäfte natürlich ein qualifizierteres Personal brauchen, weil es auf eine persönliche Beziehung hinausläuft und man muss sich die Kunden halten und dergleichen." › ....

Hörsignale

Aufmerksamkeitssignale beachten

Signale für Fragen

- … beschäftigen sich mit der Frage, w…/ob …
- Damit ergibt sich die Frage, w…/ob …
- Daraus kann man die Frage ableiten, w…/ob …
- Das führt uns zu der Frage, w…/ob …
- Daraus folgt die Frage, w…/ob …

Signale für neue Inhalte

- Zu den wichtigsten Ergebnissen gehört die Beobachtung, dass …
- Festgestellt wurde folgendes Phänomen: …
- Die Tatsache, dass …, überraschte die Forscher.
- Das führte zu der Erkenntnis, dass …
- Der Grund dafür liegt darin, dass …

Signale für Wichtiges

- Der entscheidende Beitrag war …
- Eine wichtige Erkenntnis liegt darin, dass …
- Zum entscheidenden Durchbruch kam es, als …
- Der wesentliche/zentrale/entscheidende Punkt ist …
- Wesentlich ist, dass …
- Hier haben wir bemerkenswerte Veränderungen erlebt.
- Es kam zu einer deutlichen Verschlechterung der Lage.
- Sprache ist sozusagen …
- Hier geht es um …
- Hier begegnen wir …
- Was man als … kennt.
- Was man … nennt.
- Was man unter … fasst.
- Worum handelt es sich?
- Was ist typisch?

Signale für Fachausdrücke

- In der Forschung bezeichnet man das als …
- Das wird … genannt.
- Man spricht hier von …
- Wir haben es hier mit dem sogenannten … zu tun.
- …, was man als … kennt.
- …, was man unter … fasst.

Struktursignale erkennen

Signale für Ankündigungen

- Erstens …, zweitens …
- Zunächst möchte ich darstellen, …
- Dann werde ich darauf eingehen, …
- Nachfolgend möchte ich darlegen, …
- Abschließend würde ich gern noch einige Überlegungen dazu anstellen, w…/ob …

Signale für Gegenüberstellungen

- Zum einen … zum anderen …
- Einerseits … andererseits …
- Zum einen … gleichzeitig …
- Auf der einen Seite … auf der anderen Seite …
- Entweder … oder …

Signale für Reihungen

- Sowohl … als auch …
- Nicht nur …, sondern auch …
- … sowie …
- Zuerst … Außerdem/Weiterhin/Schließlich

Signale für Kausalzusammenhänge

- Der Auslöser für diese Entwicklung liegt in …
- Die Ursache lässt sich … ausmachen …
- Der Hauptgrund / Die wesentliche Ursache / Das Spezifische ist …
- Das führt dazu, dass …
- Das verursacht eine Entwicklung, …
- Das wirkt sich aus auf …
- Das zieht … nach sich …
- Das schlägt sich … nieder.
- Das hat zur Folge, dass …
- Die Konseqenzen sind …
- Das heißt …
- Damit ist gemeint, …
- Nämlich …
- …, denn … / …, weil …
- … spielt (k)eine Rolle …
- … ist (nicht) relevant.

Signale für Zusammenfassungen

- Zusammenfassend lässt sich sagen, …
- Zusammengefasst ist …
- Zum Schluss / Am Ende …

Signale für Bedingungszusammenhänge

- ..., sofern ...
- ..., falls ...
- ..., wenn ...
- ..., sonst ...
- ..., dann ...
- ..., so ...

Signale für wechselseitige Abhängigkeiten

- ... je ... desto ...
- ... je ... umso ...
- ... je nachdem, w...

Argumentationsstrukturen erkennen

These

- Ich vertrete die These, dass ...
- Meine These ist, dass ...

Kritik

- Es handelt sich nicht um ..., sondern um ...

Untermauerung einer These

- Beispielsweise findet man ...
- So kann man feststellen, dass ...
- Entsprechend/Dementsprechend sagt ..., dass ...
- Sei es ..., sei es ...
- ... ob ..., ob ...

Zitate

- „...", so (+ Name der/des Zitierten).
- Ich zitiere: ...
- (Name) sagt dazu: „...".
- (Name) fordert, ...
- (Name) spricht in diesem Zusammenhang von „...".

Kritische Wiedergabe

- Diese Erkenntnisse widersprechen der These, dass ...
- Damit war die Theorie widerlegt, nach der ...
- Die Autorin missversteht Aggression als ...

Neutrale Wiedergabe

- Diese Forscher sind der Ansicht, dass ...
- Die Autorin vertritt den Standpunkt, dass ...
- ... ist für diese Forscher ...
- Dieser Autor bezeichnet ... als ...
- Er sieht sie als ...
- Er nimmt ... als ... wahr.
- Für diese Forschungsrichtung gilt ... als ...
- Aggressive Verhaltenstendenzen zählen als ...

Affirmative Wiedergabe

- Diese Ergebnisse geben ... recht.
- Man konnte nachweisen, dass ...
- ... bestätigt, dass ...
- Sie erkannte, dass ...

Abwägende Argumentation

- Auf der einen Seite (+ Argument/Beispiel). Auf der anderen Seite (+ Gegenargument/Gegenbeispiel)
- Einerseits (+ Argument/Beispiel). Andererseits (+ Gegenargument/Gegenbeispiel)
- Zum einen (+ Argument/Beispiel). Zum anderen (+ Gegenargument/Gegenbeispiel)

Erklärung des zuvor Gesagten

- ..., das heißt ...
- ..., besser gesagt: ...
- ..., mit anderen Worten: ...
- ..., genau gesagt: ...

Begründung des zuvor Gesagten

- ..., das heißt ...
- Damit ist gemeint, dass ...
- ..., nämlich ...
- ..., denn/weil ...

Folgerung/Fazit

- Daraus folgt, dass ...
- Damit ergibt sich, dass ...
- Also kann man sagen, dass ...
- Daraus lässt sich ableiten, dass ...
- Somit/Damit/Also/Folglich/Folgendermaßen/ Mithin ist ...

Vermutung

- Diese Tatsachen sprechen dafür, dass …
- Das deutet darauf hin, dass …
- Diese Umstände weisen darauf hin, dass …

Beispiele benutzen

- … zum Beispiel …
- … beispielsweise …
- …, wie etwa …
- … und zwar / nämlich …
- … sei es …, sei es …
- ob …, ob …

Eigenen Standpunkt festigen

- … selbstverständlich …
- … doch …
- … erwartungsgemäß …
- … natürlich …
- … ja …

Bedauern ausdrücken

- … leider …
- … bedauerlicherweise …

Symbole und Abkürzungen

Symbole

:	hat/es gibt
=	ist
≠	ist nicht
!	wichtig
!:	Forderung der/des Vortragenden
„…"	Zitat
¿	Unbekannter Ausdruck/Nachschlagen!
*	eigener Gedanke
→←	Gegenbegriffe
↔	ähnliche Bedeutung
⇔	hat zu tun mit
→	sodass (Folge)
←	weil (Grund)
(←)	nebensächlicher Grund
↔	kein Grund
→//	trotzdem
//	aber
>>	wenn … dann
∾	je … desto

Allgemeine Abkürzungen

-keit	-k; Mehrsprachigk
-ung	-g; Untersuchg
-schaft	-sch; Gesellsch
-logie	-l; Biol
-tion	-t; Generat
-wesen	-w; Verkehrsw
u	und
o	oder
A	Auto (*zentrale Nomen mit dem Anfangs-buchstaben*)

Grafische Konventionen

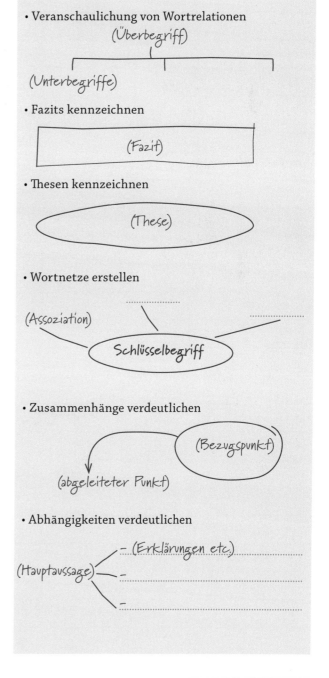

- Veranschaulichung von Wortrelationen
- Fazits kennzeichnen
- Thesen kennzeichnen
- Wortnetze erstellen
- Zusammenhänge verdeutlichen
- Abhängigkeiten verdeutlichen

Notizen

Quellenverzeichnis

Cover: © Thinkstock/Wavebreakmedia

S. 3:   oben © Thinkstock/iStock/XiXinXing; Mitte links © Thinkstock/iStock/GlobalP; Mitte rechts © fotolia/stockphoto-graf; unten links © Thinkstock/cosmin4000; unten rechts © Guenther Emberger, mit freundlicher Genehmigung von Prof. Dr. Hermann Knoflacher

S. 7:   A © Thinkstock/iStock/XiXinXing; B © Thinkstock/Peter Dennis; C © iStock/ivan-96

S. 10, 12, 13, 14, 18, 23: Textauszüge aus *Lassma Kino gehen! Anmerkungen zur Zwei- und Mehrsprachigkeit* von Heike Wiese aus SWR 2 Aula vom 24.06.2012

S. 18:   von links: © Thinkstock/Fuse, © Thinkstock/iStock/ene, © Thinkstock/iStock/oneblink-cj

S. 27:   1 © Thinkstock/iStock/GlobalP; 2 © Thinkstock/iStock/RobertHoetink; 3 © Thinkstock/hjalmeida; 4 © Thinkstock/iStock/Minerva Studio; 5 © fotolia/Xavier

S. 28:   © Thinkstock/Hemera/Yen Teoh

S. 30, 32, 33, 34, 40: Textauszüge aus *Aggressive Neuronen? Über den Ursprung von Gewalt im Kopf* von Joachim Bauer aus SWR 2 Aula vom 06.11.2011

S. 33:   A © fotolia/grafik & art; B © fotolia/Gunnar Assmy; C © fotolia/Daniel Coulmann

S. 35:   Illustration © Hueber Verlag/Oliver Bayerlein

S. 37:   © Thinkstock/Dorling Kindersley

S. 41:   A © fotolia/stockphoto-graf; B © Thinkstock/iStock/Grafner

S. 42:   Hintergrundfoto Grafik © Thinkstock/iStock/wxin; Grafik © Hueber Verlag/Oliver Bayerlein, Quelle der Daten: DIW Berlin/SOEP

S. 44:   Grafik oben © Hueber Verlag/Oliver Bayerlein, Quelle der Daten: eurostat; Grafik unten © Hueber Verlag/Oliver Bayerlein, Quelle der Daten: DIW/SOEP

S. 48:   E © Thinkstock/iStock/calvste; F © Hueber Verlag/Oliver Bayerlein

S. 50:   G © Thinkstock/iStock/leremy

S. 55:   DNA © Thinkstock/cosmin4000; Gesichter © Thinkstock/iStock/Frider; Obst © Thinkstock/iStock/peangdao; Joggen © Thinkstock/iStock/pojoslaw; Schmetterling © Thinkstock/iStock/Faabi

S. 58:   © Thinkstock/iStock/ttsz

S. 60:   Cover „Der zweite Code" © Rowohlt Verlag

S. 70:   Textstelle nach *Ein anderer Code – Einführung in die Epigenetik* von Peter Spork aus SWR 2 Aula vom 16.10.2011

S. 71:   Park © Thinkstock/iStock/IakovKalinin; Professor Knoflacher mit Gehzeug (2x) © Guenther Emberger, mit freundlicher Genehmigung von Prof. Dr. Hermann Knoflacher

S. 73:   © Thinkstock/iStock/David Crespo Nieto

S. 78:   © Hueber Verlag/Oliver Bayerlein

S. 80, 82:   Textauszüge aus *Wie sich die Städte entschleunigen lassen – Beispiel Wien* von Hermann Knoflacher aus SWR 2 Aula vom 02.06.2013

Audios:

Zum Kapitel Sprache und Gesellschaft:
Lassma Kino gehen! Anmerkungen zur Zwei- und Mehrsprachigkeit von Heike Wiese aus SWR 2 Aula vom 24.06.2012

Zum Kapitel Der Ursprung der Gewalt:
Aggressive Neuronen? Über den Ursprung von Gewalt im Kopf von Joachim Bauer aus SWR 2 Aula vom 06.11.2011

Zum Kapitel Arm und reich in Deutschland:
Arm und reich in Deutschland – Chronik eines Skandals von Michael Hartmann aus SWR 2 Aula vom 25.03.2012

Zum Kapitel Das Gedächtnis der Gene:
Ein anderer Code – Einführung in die Epigenetik von Peter Spork aus SWR 2 Aula vom 16.10.2011

Zum Kapitel Entschleunigung der Stadt:
Wie sich die Städte entschleunigen lassen – Beispiel Wien von Hermann Knoflacher aus SWR 2 Aula vom 02.06.2013

Die Verwendung der Hörtexte erfolgt mit freundlicher Genehmigung des **SWR**.